D0889104

DEPREDADORES

HUMANOS

DEPREDADORES HUMANOS

Janire Rámila

nowtilus

Colección: Biblioteca del crimen
www.nowtilus.com

Título: Depredadores Humanos
Autor: © Janire Rámila

© 2011 Ediciones Nowtilus S. L.
Doña Juana I de Castilla 44, 3° C, 28027 Madrid
www.nowtilus.com

Responsable editorial: Isabel López-Ayllón Martínez
Diseño y realización de cubiertas: Ediciones Noufront
Diseño de colección: Ediciones Noufront
Maquetación: Reyes Muñoz de la Sierra

ISBN: 978-84-9967-028-7
Fecha de publicación: Febrero 2011

Printed in Spain
Imprime: GraphyCems
Depósito legal: NA-155-2011

A mi familia, con devoción
A mis amigos, con cariño
A mis lectores, con humildad

ÍNDICE

PRÓLOGO

El vicio de matar

Todo el siglo XIX español está plagado de asesinos en serie que nadie sabe que lo son. Es un siglo cruzado por *El hombre del saco*, los *Sacamantecas*, *El hombre lobo de Allariz*... Criminales de muy distinto pelaje que nadie cuida de conocer ni de estudiar. El siglo XX nos trae noticias de otros países donde los asesinos en serie son estudiados, forman parte de la intriga y parecen conformar un pretexto para que la sociedad pueda combatir el crimen. *Jack el Destripador* es el primer asesino en serie verdaderamente famoso, en el barrio londinense de Whitechapel, donde la miseria y la necesidad ocultan las verdaderas razones de un descuartizador. Todavía hoy, *Jack* sigue siendo la fuente de todo misterio: el bruto cruel que sin embargo hace uso de un refinado sentido del humor.

En España, años antes de *Jack*, ya actuaba *El hombre lobo* en Galicia y luego *el Sacamantecas* de Vitoria que, en

11

cuanto a muertes produjo más que el inglés, y quizá más bárbaras. Me consta que en aquel tiempo hasta la reina Isabel II se preocupó de conocer el destino de los grandes criminales y de que el maestro de hipnotismo tuviera la oportunidad de examinar a la bestia antes de que se confundiera con la niebla para siempre.

Después de la guerra civil no se permitieron grandes especulaciones con la delincuencia: simplemente, y tal como ahora, no había ninguna delincuencia. La dictadura no permitía los asesinos en serie como después harían varios gobiernos democráticos. Era igual que al otro lado del muro de Berlín y más allá, en la Unión Soviética, donde el decreto prohibía los asesinos seriales: *la Bestia de Rostov* simplemente no existe.

En el resto de la tierra los asesinos de repetición pueden verse por doquier: en Alemania, en Francia, en Inglaterra… pero en España no existen porque la autoridad los niega. Y lo hace con tanta convicción que algunos policías se creen que son entes de ficción inventados por periodistas. Un asesino en serie es un catálogo del mal. Y todos los asesinos en serie ocultan la llave del misterio: cualquiera puede revelar el gran secreto. ¿Por qué matan? Uno cualquiera de ellos podría delatar a todos los demás, pero la sociedad alegre y confiada comienza por negar su existencia y luego no cree en su poder. Mientras los asesinos especializados en ancianas matan casi todos los días, los que prefieren a los niños los secuestran sin contrapartida, y los que prefieren mujeres sacian su sed en su sangre.

España es un país de 14.000 desaparecidos inquietantes donde se pierden niños y mujeres que no regresan jamás. España es un país que juega a ser cartesiano pero pasa por ignorante, donde lentamente la ciencia de la criminología toma el relevo a la barbarie.

En 1958, José María Jarabo pone en práctica una forma de matar genuinamente americana, capaz de acabar con cuatro vidas en un solo fin de semana. Pero no será hasta el reciente diciembre de 2010 cuando la prensa remilgada hable abiertamente de *serial killers* y sea capaz de dar una lista de nombres, posibles criminales de repetición.

Hablan de Francisco García Escalero, presunto mendigo psicótico que mordía el corazón de sus víctimas, supuesto autor de once asesinatos de vagabundos y personas sin hogar. Su período de actuación fue de 1987 a 1993. Conceden el título de mayor asesino en serie de la historia de España a Manuel Delgado Villegas, alias *el Arropiero*, que llegó a confesar 48 asesinatos y fue detenido en 1971 en El Puerto de Santa María. Era violador y necrófilo. Solía visitar de noche los cadáveres de sus víctimas y abusaba de ellos.

El asesino de ancianas de Santander era *el mataviejas* que dio muerte a dieciséis mujeres en un año. Jose Antonio Rodríguez Vega era albañil y aprovechaba su oficio para atacar a mujeres que se parecían lejanamente a su madre. Rodríguez Vega fue apuñalado en la cárcel de Topas, Santander, donde le mató el preso llamado *Zanahorio*: «He matado al *Mataviejas*», dijo a la televisión. Cumplía 440 años de condena por arrebatar la vida a 16 mujeres, de entre 61 y 93 años.

Otro de los admitidos en esta selección de urgencia en la multinacional del crimen es Joaquín Ferrándiz, *el Quijote de Castellón*, que se ofrecía a ayudar a jóvenes a las que mataba. Era un tipo atractivo y educado.

Y se incluye a Alfredo Galán Sotillo, un militar, apodado *el Asesino de la baraja* porque firmó sus actos arrojando un naipe español sobre el cadáver. Le condenaron a 142 años de cárcel tras ser considerado autor de la muerte a tiros de cinco personas. Sembró el pánico en el 2003 en Madrid con una pistola *Tokarev* reglamentaria en el ejército ruso.

Los asesinos en serie más conocidos son de género masculino, pero hay muchas mujeres como las grandes envenenadoras. Pese a lo avanzado de la ciencia criminal, todavía hoy capturar a un psicópata sigue siendo un trabajo para los mejores especialistas. No digamos para atrapar asesinas de ancianas como Remedios Sánchez o Encarnación Jiménez que suelen atacar a sus víctimas cuando más vulnerables parecen.

Los asesinos en serie se mueven por un impulso que les empuja a matar y suelen dejar un tiempo de descanso entre uno y otro crimen, momento que aprovechan para mejorar su técnica. Matar para ellos es una diversión, un auténtico vicio que les convierte en los más poderosos. Pueden ser encontrados en cualquier civilización, desde el trópico al ártico, desde los tiempos de antes de la historia hasta el ciberespacio. Son una raza fuerte, en perfecto estado de expansión y crecimiento.

Francisco Pérez Abellán

PRESENTACIÓN

Asesinos en serie los ha habido siempre, en todas las épocas y en todas las culturas. Por ello no puede asegurarse, como dicen algunos, que son un producto exclusivo de nuestro tiempo. Desde el caso de Sawney Bean, que asesinaba y robaba a transeúntes en la Escocia del siglo XV para después devorarlos, hasta el más reciente suceso del asesino de la baraja, la historia nos ha demostrado que nos enfrentamos a un acontecimiento repetitivo en el tiempo.

Para algunos este puede ser un pensamiento negativo, al considerar triste el hecho de que no hayamos sido capaces de erradicar un tipo de criminalidad tan persistente. Y quizá sea una percepción acertada, pero como veremos en este libro la solución no es tan fácil.

Primeramente por el desconocimiento que aún persiste hacia estos criminales, hacia los motivos e impulsos guardados en sus mentes que les llevan a matar y, seguidamente, por el desconocimiento hacia el propio origen de la psicopatía y la psicosis, malformaciones mentales que subyacen en prácticamente la totalidad de los asesinos seriales.

En este sentido, caminamos con cientos de años de desventaja.

En 1404 nacía en Francia el barón Gilles de Rais, conocido por ser uno de los generales que acompañaron a Juana de Arco en su guerra para expulsar a los ingleses de suelo francés. Desde que su padre falleciese en 1415, De Rais se había convertido en el único heredero de unos dominios que se extendían desde Bretaña hasta Poitou. Un poder desmesurado que fue la perdición para decenas, quizá cientos de niños y adolescentes de las aldeas cercanas a sus castillos de Champtocé, Machecoul y Tiffauges.

Por testimonios de sirvientes y compañeros de armas que testificaron contra su señor en el posterior juicio al que fue sometido, hoy sabemos que De Rais gustaba de secuestrar, sodomizar, estrangular y decapitar personalmente a esos desdichados. «Unas veces eran decapitados y descuartizados; otras los degollaba, dejando su cabeza unida al cuerpo; otras les rompía el cuello con un palo; y otras les cortaba una vena de la garganta o de otra parte del cuello, de manera que la sangre de los susodichos niños corría abundantemente. Mientras los niños agonizaban, Gilles se agachaba sobre los cuerpos de los niños para ver cómo exhalaban sus últimos suspiros», relató imperturbable en el mencionado juicio su compañero de fechorías, Griart.

Ante tales acusaciones y también con la ayuda de la tortura, Gilles de Rais sólo pudo confesar: «Desde la época de mi juventud he cometido muchos grandes crímenes contra Dios y los Diez Mandamientos, crímenes aún peores que estos de los que se me acusa». El 26 de octubre de 1440 era ejecutado en la horca sin saberse el número exacto de víctimas dejadas atrás. Algunos libros aseguran que 140, otros más de 300.

Unos quinientos años después de estos hechos, en 1923, comenzaron a desaparecer niños en la localidad alemana de Düsseldorf. La policía está desconcertada y no tiene ningún sospechoso al que investigar. Los cuerpos de las víctimas, algunas de cinco y nueve años de edad, aparecen salvajemente agredidos, con las gargantas cortadas y signos de vampirismo. El asesino confesaría más tarde haber bebido su sangre caliente mientras emanaba de los cortes. Su nombre era Peter Kürten, hoy más conocido en los anales del crimen como *el Vampiro de Düsseldorf*. La detención se produjo el 24 de mayo de 1930 gracias a la delación de su esposa, a la que él había confesado previamente sus crímenes. «No tengo ningún remordimiento. Cuando recuerdo mis actos no me avergüenzo, recordar todos los detalles me hace disfrutar», dijo el detenido, para concluir tras escuchar su sentencia a muerte: «Después de que me decapiten podré oír por un momento el sonido de mi propia sangre al correr por mi cuello… Ese será el placer para terminar con todos los placeres». Fue guillotinado el 2 de julio de 1931, acusado de nueve asesinatos y el intento de otros siete.

Dos casos separados casi 500 años entre sí, pero tremendamente semejantes en sus puntos más importantes: asesinatos fríos y crueles, asesinos movidos por una búsqueda de placer irrefrenable, falta de remordimientos durante el juicio, víctimas desamparadas... No crean que he rebuscado mucho en mis archivos para encontrar dos casos tan parecidos. Ojalá hubiera sido así, pero más bien ha sido lo contrario. Los asesinos seriales llevan siglos conformando un patrón común que sólo se desvía en pequeños detalles, como la elección de un tipo u otro de víctimas, el modo de matarlas, la mayor o menor permisividad de la época que les tocó vivir... Por lo demás, la historia siempre es la misma.

En este libro hablaremos de todo ello. Y lo haremos con sinceridad, sin ocultar la dureza de esta realidad. Por esto, discúlpenme si algunas páginas les parecen especialmente difíciles de leer. Lo entiendo, son historias difíciles de digerir, pero repito, así es la realidad en torno a los asesinos seriales. He decidido hacerlo así porque si queremos afrontar la verdad, debemos hacerlo de una forma seria y madura, no leyendo únicamente lo que nos gusta, también lo que no nos gusta. Por el contrario, también les aseguro que no habrá cabida para el sensacionalismo, ni para las invenciones gratuitas. Ese será mi compromiso en las próximas líneas.

Mi otro compromiso será para las víctimas, las grandes olvidadas, las doble, triplemente maltratadas. Creo sinceramente que todos los libros escritos hasta el momento sobre el mundo de los asesinos seriales las han silenciado y han centrado la atención exclusivamente en los criminales. No me parece justo.

Vivimos en un mundo en el que la violencia parece haberse adueñado de todos los ámbitos. Los medios de comunicación sólo nos informan de los hechos consumados, pero no de lo que queda detrás de ellos, de los miles, millones de personas que sufren a diario esa violencia y que muy pocas veces tienen la oportunidad de expresarse. Algo de perverso existe cuando a un violador o a un asesino se le ofrecen contratos millonarios para relatar sus delitos en televisión, mientras que sus víctimas, las que sobrevivieron, continúan con tratamientos psicológicos en un intento de encauzar una vida que se vio rota injustamente. Para ellos no hay contratos millonarios.

Si deseamos un mundo más humano, ya es hora de comenzar a rebelarnos contra estos procederes.

Y mi tercer foco de atención se centrará en las modernas técnicas de investigación utilizadas para atrapar a los asesinos seriales y en los agentes de la ley, a menudo vilipendiados y cuestionados, olvidando que la inmensa mayoría de ellos son enormes profesionales que velan por nuestra seguridad, poniendo demasiadas veces en riesgo su propia vida.

Todos juntos conforman lo que podríamos denominar el mundo de los asesinos en serie y que ya es hora comencemos a repasar. Pero antes permítanme un apunte más: no se dejen vencer por la tristeza cuando lean los primeros capítulos. Como el rayo de sol que deslumbra entre las nubes de una terrible tormenta, así a medida que vayan pasando las páginas iremos recuperando la esperanza perdida.

San Sebastián, a 5 de noviembre de 2010

LOS ASESINOS EN SERIE

1

ENTRANDO EN LA MENTE DEL ASESINO SERIAL

La esencia del mal

La definición comúnmente aceptada de asesino serial es la de una persona que ha matado al menos en tres momentos y lugares diferentes separados con nitidez y mediando un espacio de tiempo suficiente entre uno y otro crimen. Por suficiente debe entenderse que no sean muertes simultáneas, sino espaciadas en intervalos que pueden ir desde varias horas hasta días, meses e, incluso, años.

La definición fue elaborada por el Departamento de Ciencias de la Conducta del FBI para distinguir entre los asesinos múltiples *(mass murderer)*, aquel que mata a cuatro o más personas en un solo acto de violencia y en un mismo escenario; de los asesinos en serie *(serial murderer)*. Así, la masacre de Columbine, la escuela de secundaria en Colorado (Estados Unidos) donde el 20 de abril de 1999 Eric Harris y Dylan Klebod, de 18 y 17 años de edad respectivamente, mataron a tiros a 15 personas e

Entrada a la sede del FBI en Quántico, lugar de entrenamiento
para nuevos reclutas.

hirieron a otras 24 pertenece a la primera categoría, mientras que los cinco asesinatos oficiales cometidos por *Jack el Destripador*, entre agosto y noviembre de 1888 en el londinense barrio de Whitechapel, se encuadran en la segunda.

De este Departamento de Ciencias de la Conducta del FBI hablaremos profusamente a lo largo del libro, pero por ahora baste decir que sus integrantes son los mayores expertos mundiales en cuanto a criminales seriales se refiere. Y no sólo en lo relativo a asesinos, también a violadores o pirómanos. El departamento se encuentra ubicado en la central del FBI en Quántico (Virginia) y para que nos resulte más familiar basta con ver la película *El silencio de los corderos* (Jonathan Demme, 1991). Si recuerdan, nada más comenzar el filme nos encontramos con la protagonista Clarice Sterling (Jodie Foster) entrenando en una zona boscosa y acto seguido penetrando en unas oficinas. Bien, esas

Academia del FBI en Quántico, Virginia, el organismo policial mejor preparado para la lucha contra los asesinos seriales.

oficinas son el mencionado Departamento de Ciencias de la Conducta, hoy rebautizado como Unidad de Apoyo Investigativo (BSU). Al no lograr la autorización del FBI para filmar en sus instalaciones, el director optó por recrearlas en el plató al milímetro, con lo que ya sabemos cómo es esta unidad por dentro.

La BSU nació en 1974 gracias a la iniciativa de dos agentes especialmente concienciados con el problema de los asesinos seriales, Howard Teten y Pat Mullany. Hasta ese instante, los crímenes cometidos por los *serial killer*, como también se les denomina, recibían el nombre de «asesinatos cometidos por desconocidos» para diferenciarlos de aquellos en los que las víctimas morían a manos de algún conocido, generalmente un familiar. Y es que muy poco o casi nada se sabía sobre ellos en aquel tiempo.

Como se ha dicho en la presentación, asesinos seriales los ha habido siempre, aunque no siempre se les ha considerado como tales. Hasta bien entrado el siglo XIX, los familiares y vecinos de las víctimas no podían asimilar que una persona actuase con tanto sadismo y desprecio por la vida humana. La única explicación posible pasaba porque algún demonio le hubiese poseído, controlando su voluntad para hacer el mal. No eran personas, sino demonios de la noche, licántropos o vampiros. En la mentalidad de nuestros antepasados no cabía otra explicación para que alguien matase a sus semejantes sin motivo aparente. En España tenemos uno de los ejemplos mejor documentados y para conocerlo retrocederemos hasta el año 1852, a la pequeña aldea gallega de Allariz, situada a medio camino entre Orense capital y la frontera con Portugal.

Por ese tiempo los vecinos de Allariz y de las aldeas cercanas se muestran aterrorizados. Desde hace unos años son ya varias las vecinas de los alrededores que han dejado de dar señales de vida. Las primeras fueron Manuela Blanco, de 47 años, y su hija Petra, de 6. Emigraron de Galicia para comenzar una nueva y mejor vida como sirvientas en la pujante Santander, pero nadie sabe si llegaron. Más tarde sucedió lo mismo con Benita, hermana de Manuela y de 31 años y con su hijo Francisco, de 10. Tras ellos desaparecieron Josefa de 43 años y su hijo adolescente, y Antonia Rua con sus hijas menores, Peregrina y María. Ninguna carta ha llegado hasta los familiares dejados en Galicia y ni una sola peseta han enviado para paliar la pobreza de quienes quedaron en las aldeas.

En los vecinos comienza a resonar un nombre, Manuel Blanco Romasanta, el gentil buhonero de Allariz que se prestó a conducirlas hacia el Este a través de caminos sólo por él conocidos. De momento sólo es una intuición, pero cuando los hermanos de Benita y Manuela se topan con una mujer que lleva puesta ropa de las dos desaparecidas vendida por el buhonero, la sospecha adquiere fuerza y la Guardia Civil procede a la detención de Romasanta. No hay escapatoria posible y el detenido confiesa sus fechorías. Es más, acompañado por el juez instructor conduce a los policías hasta el lugar de los crímenes, donde les explica cómo destrozó sus frágiles e indefensos cuerpos. Los de 13 víctimas.

El relato es tan espeluznante que nadie puede comprender cómo un afable buhonero ha sido capaz de asesinar de forma tan sangrienta y enseguida se extiende el rumor de que Romasanta es, en realidad, un hombre lobo. El propio juez acepta esta explicación, iniciándose un proceso que aún puede ser consultado en el Archivo Histórico del Reino de Galicia bajo el nombre *Causa 1788, del Hombre Lobo*. Encontrando en este giro una posible salvación, Romasanta asume la identidad de licántropo, inventándose un relato donde la luna llena, la maldición del séptimo hijo varón y una irresistible sed de sangre humana son las protagonistas. La escenificación le saldrá tan bien que en 1853 la reina Isabel revoca la pena de muerte en garrote vil por la de cadena perpetua.

PSICÓPATAS Y PSICÓTICOS

Afortunadamente, mientras esto sucedía en España, en Europa la percepción hacia estos criminales comienza a modificarse. La aparición del psicoanálisis, junto a las teorías revolucionarias de Freud y Jung, pondrá el acento en la mente humana. Los hechos delictivos especialmente crueles ya no son promovidos por agentes diabólicos, sino por el propio individuo, por su mente. Es un avance muy importante, pero en cierta medida aún inmaduro, ya que los asesinos en serie son considerados locos, enfermos mentales, lo que pronto veremos no es cierto en la mayoría de los supuestos.

Uno de los pocos profesionales que afronta la cuestión sin prejuicios es Richard Krafft-Ebing, autor en 1886 del primer libro dedicado a las perversiones sexuales, *Psychopathia sexualis*. Este famoso psiquiatra en la época tuvo la fortuna de poder examinar al italiano Vincent Verzeni, asesino confeso de varias jóvenes entre 1867 y 1871. A pesar de que Verzeni bebía la sangre de sus víctimas, síntoma de locura para sus colegas, Krafft-Ebing constató que en ningún momento el detenido había perdido el control sobre sus actos y que era el móvil sexual lo que le había llevado a matar, demostrando una premeditación no compatible con un estado de locura.

> Tan pronto como sujetaba a la víctima por el cuello experimentaba una excitación sexual. Le daba exactamente igual que las mujeres fueran viejas o jóvenes, feas o hermosas, para sentirse excitado. Por lo general le satisfacía el simple hecho de presionarles la garganta y las dejaba vivir. En los dos casos de asesinato la satisfacción sexual se demoró en llegar y siguió apretando hasta que murieron. Este acto de estrangulamiento le proporcionó una gratificación superior a la de una masturbación.

El psiquiatra Richard Krafft-Ebing fue uno de los primeros expertos en profundizar con seriedad en la mente de los asesinos seriales.

Con sus conclusiones, Krafft-Ebing se había adelantado casi cien años a la que quizá sea la más importante investigación realizada sobre la mente de los asesinos seriales. Su protagonista fue el ya mítico ex agente del FBI Robert Ressler, creador del término *"asesino en serie"*. En 1978, Ressler obtuvo la autorización del FBI para desarrollar su Proyecto de Investigación de la Personalidad Criminal (PIPC). La idea era simple: entrevistar a los asesinos en serie encerrados en las prisiones norteamericanas para indagar en las motivaciones que les llevaron a matar, profundizar en su personalidad, su infancia, adolescencia… En definitiva, en todos los aspectos que fueran importantes para comprender cómo funciona la mente de estos criminales.

La tarea no fue fácil. Muchos de los encerrados se negaron a recibir a Ressler y otros tantos de los que sí lo hicieron, aceptaron simplemente por creer que diciendo lo que el agente deseaba escuchar se les rebajarían las penas, de muerte o cadena perpetua casi todas. No fue así, claro está. Pero hubo más problemas. Enseguida Ressler percibió que estos hombres son grandes mentirosos, por lo que hicieron falta más entrevistas de las previstas para extraer algo de verdad en aquellas declaraciones.

Para hacernos una idea de la gente a la que entrevistó Ressler, basta mencionar los nombres de Jeffrey Dahmer, *el Carnicero de Milwaukee*, autor de 17 muertes; John Wayne Gacy, asesino de 33 personas o Ted Bundy, con 23 asesinatos probados a sus espaldas.

Pero Ressler era un hombre de tesón y paciencia, con lo que el resultado final resultó tan satisfactorio que el PIPC fue continuado por otros agentes tras la salida de Ressler del FBI. Aún hoy sigue en activo con nuevos presos a los que interrogar. A las conclusiones extraídas por el PIPC sobre el mundo de los asesinos seriales deben añadírsele las logradas por estudios realizados en universidades privadas y públicas, hospitales, centros psiquiátricos; y las investigaciones realizadas por criminólogos independientes, psicólogos, psiquiatras…

De este modo y con datos bien procesados en la mano, ¿qué podemos comenzar a decir sobre los asesinos seriales? En primer lugar, la íntima relación existente entre ellos y dos desviaciones mentales: la psicopatía y la psicosis.

La psicosis es una enfermedad mental que provoca en quien la padece una alteración de su sentido de la realidad. El psicótico construye un mundo propio en el que el bien y el mal se mezclan, llevando al individuo a no ser consciente de sus actos. El entorno, los valores, las normas que son comunes para nosotros no rigen del mismo modo en sus cerebros dañados, originando a menudo situaciones llamativas. Para no llevar a equívocos, no todos los psicóticos son peligrosos, de hecho, la inmensa mayoría son totalmente inofensivos, pero a veces algunos factores se aúnan convirtiéndolos en asesinos. Lo que sucede con los enfermos mentales es que los medios de comunicación sólo nos hablan de aquellos que han cometido actos reprobables y especialmente crueles, originando en el espectador la sensación de que son gente con la que es mejor no tratar.

Una de estas historias más paradigmáticas de esta realidad sesgada es la de Richard Trenton Chase, el joven de 27 años de edad que en 1977 inició su escala criminal acabando fortuitamente con la vida de su vecino Ambrose Griffin. Salió de su casa, disparó al azar su rifle de caza en el barrio residencial y la mala fortuna provocó que la bala impactara en Ambrose Griffin.

Desde siempre Chase se había caracterizado por una personalidad huraña con los humanos y cruel con los animales, a los que torturaba y quemaba por pura diversión. Desde aquel 1977 todos le conocerían por la especial brutalidad desarrollada en sus víctimas, a las que acuchillaba, descuartizaba y destripaba para llevarse a su

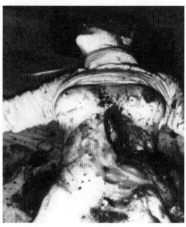

A la izquierda, Richard Trenton Chase, ejemplo del perfecto asesino psicótico. Según su mente, tenía que matar para regenerar su sangre que estaba convirtiéndose en polvo.
A la derecha, una de sus víctimas.

piso las vísceras que más le atraían. Luego las guardaría en cubos o recipientes de plástico. Su afición a beber la sangre de los cuerpos desmembrados, bajo la creencia de que la suya se estaba convirtiendo en polvo y era necesario regenerarla, le valió el sobrenombre de *el Vampiro de Sacramento*. En el posterior juicio, donde habló de una conspiración promovida hacia él por agentes extraterrestres y grupúsculos nazis, el detenido se mostró como lo que realmente era, una persona mentalmente enferma sin ningún control médico o familiar.

Sin embargo, no quiero en este libro ahondar en ejemplos muy manidos, por lo que me iré deteniendo en nombres poco o menos conocidos, como el de Herbert

Mullin, el hombre bajito y delgado –medía un metro cincuenta y dos y pesaba 54 kilos–, al que sus vecinos calificaban como una persona sana y normal. Al menos así lo veían hasta que terminó sus estudios secundarios a finales de los sesenta en la localidad californiana de Santa Cruz. En ese instante Mullin comenzó a coquetear con la marihuana y el LSD, sustancias que aceleraron de tal forma su esquizofrenia paranoide que su personalidad y aspecto exterior cambiaron radicalmente.

La esquizofrenia paranoide es un tipo de psicosis caracterizada en su aspecto más común en que el enfermo toma informaciones y datos sesgados de diferentes fuentes, creándose en su mente una ilusión que puede llevarle a creerse el centro de una conspiración o el elegido para realizar un determinado cometido, por poner algunos ejemplos. Estas creencias suelen venir acompañadas de voces o imágenes sólo perceptibles por el sujeto. Aunque la inmensa mayoría de estas personas son del todo inofensivas y pueden llevar una vida casi normal si toman la medicación prescrita, los crímenes que cometen son tan horribles que como antes apuntaba la ira popular lleva a estigmatizar a todos los enfermos mentales.

Tras su incursión en las drogas el aspecto y carácter de Herbert Mullin mutan radicalmente. Durante una época se le ve con atuendo hippie, pasando de repente a vestir como un ejecutivo. Hasta entonces había tenido relativo éxito con las chicas, pero como ninguna acepta sus propuestas de matrimonio, Mullin decide convertirse en gay. Estaba claro que no lo era y los gays con los que entabla contacto enseguida le rechazan.

Durante los siguientes meses Mullin se entrena para ser boxeador profesional, se presenta voluntario en el Ejército sin lograr ser aceptado, convive con una mujer mucho mayor que él y mentalmente enferma, viaja a Hawai para profundizar en las religiones orientales... ¿Qué estaba sucediendo? Simplemente que Mullin no encontraba su camino y como suele decirse popularmente, daba palos de ciego. Pero la situación es muy grave. A sus 25 años de edad Mullin se ha convertido en un inadaptado social, es incapaz de permanecer en un mismo trabajo más de dos semanas seguidas y no tiene arraigo familiar ni estabilidad emocional.

Su mente forja la creencia de que si California no ha sucumbido aún al gran terremoto, es porque la guerra de Vietnam ha dejado las suficientes víctimas estadounidenses como para aplacar la ira de la naturaleza. Por ello, cuando en 1972 se vislumbra el final de esa guerra tan impopular, Mullin decide proseguir con la «ofrenda» de sangre para evitar el gran terremoto. La primera víctima es un vagabundo de 55 años al que recoge en su coche. Aprovechando un descuido le parte la cabeza con un bate y abandona su cuerpo en un bosque cercano. Dos semanas después recoge a otra autostopista a la que mata clavándole un cuchillo en el pecho. Arrastra su cuerpo a otro bosque, le abre el abdomen y cuelga las vísceras de diferentes ramas para observar si estas se encuentran contaminadas. Su mente asociaba el aumento de la contaminación con la llegada del terremoto.

Cuatro días después de ese crimen, Mullin entra en un confesionario, a 24 kilómetros de Santa Cruz, y mata a golpes y cuchilladas al cura, según él, porque este se había ofrecido voluntario para ser el próximo sacrificado.

A esas alturas la policía ya ha encontrado el primer cadáver, pero es incapaz de relacionarlo con el asesinato del cura. La segunda víctima tardaría aún varios meses en ser localizada. Para no alargarme demasiado diré que en los días siguientes Mullin asesinó a nueve personas más. Sólo cuando mató a la duodécima, de un disparo frente a la casa de su padre, la policía logró detenerle. En el juicio quedó patente su enfermedad mental, a pesar de lo cual fue encerrado con criminales profesionales totalmente cuerdos.

La otra categoría mencionada es la de los psicópatas, mucho más peligrosos que los psicóticos por dos cuestiones principales. La primera porque suelen ser personas perfectamente integradas en la sociedad, y la segunda porque cuando desatan su furia incontrolada, la tendencia común es que se conviertan en asesinos seriales. Quizá por esto el profesor de Psicología en la Universidad de Valencia y gran experto criminal, Vicente Garrido Genovés, les califique como «el ser humano más peligroso que existe».

La puntualización más importante que debemos decir sobre ellos es que no son enfermos mentales, repito, no son enfermos mentales. Ahondaré más profundamente sobre este detalle en el capítulo cuarto, pero como adelanto baste decir que el no ser un enfermo mental implica saber diferenciar perfectamente el bien del mal. Como se ha constatado, los psicóticos se caracterizan por ver la realidad de forma totalmente distorsionada, pero los psicópatas la ven como es y por ello saben que matar está prohibido y que si son detenidos acabarán en la cárcel. Para ejemplificarlo, aquí está la frase que el asesino serial Henry Lee Lucas dijo a la policía al ser detenido: «Ya sé que no es normal que uno mate a una chica sólo para tener relaciones sexuales con ella». Este hombre había iniciado en 1930 su escalada criminal apuñalando a su madre mientras dormía. Tenía entonces 23 años de edad.

Por este crimen fue internado en varios hospitales, donde se le diagnosticó como psicópata sádico con desviaciones sexuales y sadismo, pese a lo cual recibe el alta años después. El mismo día que sale del hospital asesina a dos mujeres, dando rienda suelta a sus instintos homicidas tanto tiempo reprimidos en el hospital y que provocarán su detención el 11 de junio de 1983. Para entonces ya había matado a 157 personas. En una entrevista para televisión dijo: «Yo era el terror de las mujeres. Para mí, no debían existir. Las odiaba y quería destruir cuantas más mejor».

Explicadas las diferencias más sustanciales entre psicóticos y psicópatas, hay que realizar otras puntualizaciones importantes. La primera es que no todos los asesinos seriales pertenecen siempre a uno de estos dos grupos, aunque las estadísticas nos indican que la mayor parte de ellos sí son encuadrables en ellos. Estudios recientes sitúan el número de asesinos en serie psicóticos entre un 10-20%. El porcentaje restante es casi íntegramente para los psicópatas.

La segunda acotación: no todos los psicópatas poseen el mismo grado de psicopatía y, por ende, no todos terminan convirtiéndose en criminales y mucho menos en asesinos seriales. Para hacernos una idea de la incidencia de esta anomalía conductual en el mundo, la Organización Mundial de la Salud señaló en 2003 que el 20% de la población española padecía algún grado de psicopatía. Tres años antes había calculado que en Estados Unidos vivían dos millones de psicópatas, de los que 100.000 residían en Nueva York. Así, en propiedad habría que hablar de psicópatas y de psicópatas asesinos, pero me permitirán que yo use los términos psicópatas y asesinos seriales desde ahora indistintamente para agilizar la lectura. Aunque, eso sí, tengan claras las puntualizaciones mencionadas.

¿Cuáles son las características principales de los psicópatas? La psiquiatría divide su mente en dos áreas bien diferenciadas, la que engloba su personalidad esencial y la centrada en su estilo y forma de vida. Respecto a la primera, los psicópatas se caracterizan por ser personas locuaces, de fuerte encanto personal, aunque si se profundiza se observará que este encanto es meramente superficial. Es decir, los psicópatas son atractivos en un primer momento, saben conversar, ser simpáticos, agradar…pero cuando se les trata más profundamente, como pueden hacerlo unos padres o una pareja, es cuando se vislumbra con claridad sus carencias afectivas.

En casi todos los libros que leamos sobre el tema encontraremos el nombre de Ted Bundy como paradigma de psicópata encantador y elocuente. Y así lo describían quienes le conocieron, como alguien «atractivo y cautivador». En un informe realizado durante su época de estudiante universitario, uno de sus profesores lo catalogó como «un joven maduro muy responsable y estable emocionalmente. No consigo encontrarle ningún defecto significativo». Claro que para entonces Ted Bundy pasaba por ser un estudiante brillante, envi-

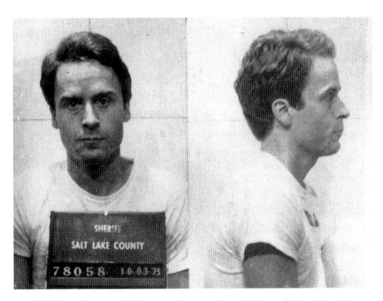

Ted Bundy, uno de los asesinos más prolíficos de los Estados Unidos y ejemplo de criminal organizado.

dia de todos sus compañeros que le observaban atónitos aprendiendo chino y cursando varias carreras a la vez. Una pena que esta progresión se cortara abruptamente cuando Bundy se enteró de que quien realmente consideraba su hermana era en realidad su madre y de que la chica con la que llevaba un tiempo saliendo rechazase su proposición de matrimonio.

Bundy tiene en ese instante 21 años de edad y su vida cambia por completo. En 1973 comete su primer delito. Sodomiza, estrangula y degüella a una autostopista de 15 años. Decidido a seguir matando, idea un ardid para atraer a las futuras víctimas que demuestra el alto grado de organización de este criminal. Escayolándose el

Coche Volkswagen en el que Ted Bundy secuestraba a sus víctimas. Actualmente expuesto en el museo del crimen de Estados Unidos.

brazo, simula una avería en su coche Volkswagen Beetle y pide ayuda a las jóvenes que pasan junto a él, bien para subir algún mueble o para arrancar el vehículo. Estas, al ver su brazo enyesado, se prestan a ayudarle, momento que él aprovecha para golpearlas en la cabeza, dejarlas inconscientes e introducirlas en la parte trasera del vehículo. Para que la trampa funcione, Bundy cuida su aspecto físico y utiliza palabras que inspiren confianza.

Con este y otros ardides matará a un número aún indeterminado de mujeres, siendo detenido en 1978 y condenado a muerte por 30 asesinatos probados. Fue ejecutado en la silla eléctrica el 24 de enero de 1989.

Pero Bundy no es sólo el perfecto ejemplo del psicópata asesino y encantador, también lo es del psicópata maestro del engaño, la segunda característica asociada a estas personas.

Por lo general, ya que nos movemos en términos estadísticos, los psicópatas son gente mentirosa, manipuladora. La mentira se convierte en una forma de vida y les acompaña desde su nacimiento hasta su muerte. Mienten cuando están libres, cuando son interrogados, cuando están a punto de ser ejecutados; mienten a sus familias, a sus amigos, a sus abogados... La única ocasión en la que se ha constatado una sinceridad real es cuando son detenidos por primera vez. Este es un momento muy delicado para el criminal, porque la invulnerabilidad de la que han disfrutado hasta entonces se quiebra y su mente afronta el destino que puede llegar: la cárcel o la pena de muerte. Un ejemplo más para demostrar que saben distinguir perfectamente el bien del mal.

En esos instantes, durante los interrogatorios iniciales y si las pruebas son lo suficientemente concluyentes, el asesino confesará casi con total seguridad. Sin embargo, cuando observan que el proceso judicial será largo y que por el momento no tienen nada qué temer, rápidamente recuperan la confianza perdida y vuelven a refugiarse en la mentira. Es asombroso que en esas condiciones, con numerosas pruebas en su contra, sigan confiando en que su capacidad persuasiva les evitará cualquier sentencia que no sea la exoneración de los cargos imputados, pero así es.

Quienes pudieron entrevistar a Ted Bundy en prisión recuerdan que este proclamaba siempre su inocencia y que cuando advertía que se acercaba demasiado a una confesión, solía dar marcha atrás en sus palabras. Para evitar caer en un renuncio comenzó a hablar con los periodistas en tercera persona, disciplina en la que se convirtió en un experto.

A continuación copiaré parte de un texto aparecido en el libro *El único testigo vivo* y recogido a su vez por el profesor Garrido en su obra *La mente criminal* (Temas de Hoy, 2007), donde los autores transcribieron parte de algunas entrevistas realizadas en prisión a Bundy. Estudie el lector atentamente la declaración, para comprender hasta qué punto llega el grado de manipulación y engaño de estas personas.

> Para conversar (con una víctima) es necesario no participar en los aspectos personales del encuentro. Debe ser capaz de hablar de forma amistosa y desenfadada, como si (el asesino) estuviera viendo una película. Ha de mantener la charla para que todo parezca que es algo completamente normal y que ella no se alarme. Él no quiere que ella empiece a sospechar que puede haber algún plan oculto. Esa es la razón por la que él no debe pensar en lo que va a suceder, porque eso le pondría nervioso y se traicionaría.

A este respecto, también fue muy clarificadora la entrevista que el citado ex agente del FBI, Robert Ressler, mantuvo en prisión con John Wayne Gacy, autor de la muerte de 28 hombres. Esos son al menos los que aparecieron enterrados bajo el sótano de su casa.

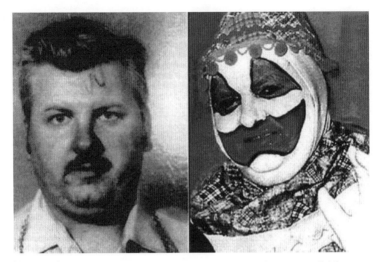

John Wayne Gacy actuaba como payaso para los niños del barrio. Era un miembro muy respetado de su comunidad hasta que se descubrieron 28 cadáveres enterrados bajo el sótano de su casa.

Gacy, que durante años se había mostrado como un importante miembro de su comunidad, destacando en su faceta de empresario de la construcción y como payaso para los niños en sus ratos libres, escondía una vida privada dominada por una homosexualidad reprimida y unos instintos asesinos que serían el motivo de su ejecución en mayo de 1944 por inyección letal. Con la promesa de un contrato de trabajo o de una relación sexual remunerada llevaba hombres jóvenes a su casa, donde los embaucaba, drogaba, ataba y estrangulaba con una cuerda, una bolsa de plástico o con sus propias manos.

En la citada entrevista con Robert Ressler, Gacy negó todos los hechos, a pesar de que, recuerde el lector, se encontraron 28 cadáveres enterrados en su casa.

Además rechazó ser homosexual, aduciendo que sólo se acostaba con hombres por no disponer de tiempo para cortejar a las mujeres y por salirle más barato el encuentro sexual masculino. También afirmó haber realizado operaciones secretas para el condado de Cook en el que vivía y haber servido en la Marina de Vietnam. Ambas afirmaciones se demostraron falsas, Gacy era un mentiroso patológico.

Ahora bien, ¿por qué mentir de forma tan descarada pudiendo contrastarse fácilmente los datos aportados? La respuesta se entronca con otra de las características de estas personas: por la insatisfacción que sienten con sus vidas y los deseos de alcanzar la que siempre han añorado. Esto, que es común a muchos de los mortales, adquiere en ellos unos tintes dramáticos, porque en su búsqueda de esa vida ideal no les importará quién caiga en el camino.

Lo que estos criminales intentan conseguir con sus actos es convertirse en otra persona, ser alguien diferente de quienes son. El asesino serial busca transformar la realidad colindante mediante el asesinato, de la misma forma que el drogadicto utiliza las drogas para evadirse del mundo e introducirse en otro que le proporciona la paz y el placer que ansía.

Cuando Edmund Emil Kemper III fue arrestado en 1973, dijo a sus captores esto:

> Yo creo que es una sociedad muy falsa, un mundo muy falso, en el que la gente está tan ocupada traicionando tantas cosas con tal de poder existir y encajar en el grupo que ha perdido de vista sus objetivos y metas

personales. Yo estaba completamente perdido y muy amargado por esos valores falsos y esa existencia falsa, y decidí que no iba a ser yo quien arrancara las malas hierbas, pues para ello habría tenido que matar a casi todo el mundo, sino que golpearía en lo que más daño me estaba haciendo, que era una zona, supongo que muy profunda, en la que quería encajar con más fuerza, y en la que no había encajado nunca, es decir, en el grupo de los que están dentro.

Lo que Kemper deseaba, en definitiva, era encajar en la sociedad y al no lograrlo comenzó a matar como un modo de venganza y también como un intento de cambiar o hacer desaparecer esa zona que, él comenta, tanto le desagradaba. Por «zona» él llama a los alrededores del condado de Santa Cruz, en California, adonde había ido a vivir con sus abuelos por el miedo que su madre tenía a que su propio hijo violara a sus hermanastras. Kemper había nacido en 1950 y desde muy pequeño mostró una extraña fascinación con la muerte. Acostumbraba a decapitar las muñecas de sus hermanastras y al menos en una ocasión decapitó a un gato, al que colgó en su habitación. A esta actitud no ayudaba nada la increíble altura de Kemper, más de dos metros. Este detalle y su fuerte complexión le convertían en un gigantón de esos con los que nadie quiere cruzarse en un callejón oscuro.

Con los abuelos la situación empeoró hasta el punto de que una noche aprovechó que dormían para asesinarlos. En el primer centro hospitalario en el que se le interna es diagnosticado como paranoico, y deciden su internamiento en el Hospital Mental Estatal de Atascadero. Kemper no

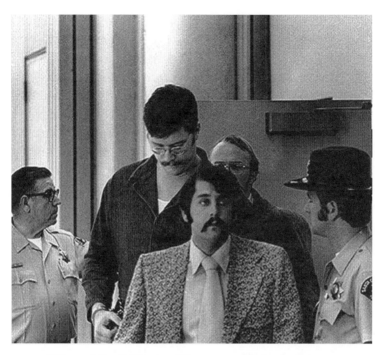

Edmund Emil Kemper III con sus más de dos metros
de altura esposado tras su detención.

se considera un criminal y con paciencia y una fuerte auto-
disciplina logra convencer a sus médicos de que es apto
para la vida normal. Craso error por parte de los facultativos, que enseguida le ponen en libertad, contentos por los
progresos obtenidos en su paciente. Ya en la calle trabaja
en una embotelladora y con el dinero ganado compra un
automóvil y una placa de policía. Desde siempre había
mostrado un gran interés por hacerse agente de la ley y
hasta tuvo algunos conocidos policías con los que bebía en
ciertas ocasiones, pero de haberse presentado a la academia

no habría superado el test psicológico. Tampoco lo intentó. De hecho, él en sí mismo no era apto para la vida social, lo que le producía una enorme frustración.

Aparentando ser un policía de paisano gracias a la placa falsa, comienza a recoger autostopistas en las carreteras cercanas. Luego las acuchilla, las lleva a su casa y ahí las decapita y descuartiza. Esconde los miembros en diversos muebles y habitaciones o en lugares cercanos a la casa, como un barranco o el jardín. Incluso enterrará una de las cabezas debajo de la ventana del cuarto de su madre. A veces guardaba los cuerpos medianamente enteros para tener durante días relaciones sexuales con ellos.

En la Semana Santa de 1973 los acontecimientos se precipitan. Kemper acude a la casa de su madre para matarla a martillazos mientras duerme y le arranca la garganta. Llama a una amiga de su madre por teléfono para que vaya a la casa y también la mata. Esa noche se acuesta con ambos cuerpos y utiliza la cabeza de su madre para jugar a los dardos, mientras medita entregarse. Al día siguiente confiesa sus crímenes a la policía llamando desde una cabina de teléfono e inmediatamente es detenido. «Yo me sentía frustrado completamente en mis sueños y deseos», fue una de sus primeras frases en prisión.

No me gustaría que se llevaran la impresión de que los psicópatas vienen de serie, que son todos iguales. Como cualquier persona normal, un psicópata es diferente de otro. Unos son más simpáticos que otros, otros huraños, unos inteligentes, otros no tanto. Las películas se esfuerzan por presentarlos como de una inteligencia muy superior a la media, pero es un recurso cinematográfico, nada más. Las únicas características realmente comunes y persistentes en todos ellos son la ausencia de remordimientos y la falta de empatía. Ni un solo psicópata criminal se ha arrepentido sinceramente de sus actos, algunos incluso han lamentado no haber tenido más tiempo para seguir matando. Y los que sí han demostrado ese arrepentimiento… han mentido.

En cuanto a la falta de empatía, los psicópatas son incapaces de ponerse en el lugar de otra persona. El dolor de las víctimas no significa nada para ellos, porque no aprecian ningún sentimiento que no sean los propios. Esta es para mí la parte más atroz de los asesinos en serie, pensar que las súplicas de una víctima no sirven de nada mientras están siendo asesinadas o violadas. Por esta circunstancia algunos expertos han llegado a decir de ellos que se encuentran en la pirámide superior de la escala evolutiva. Yo no estoy de acuerdo con esa visión y tampoco quiero estarlo. Creo sinceramente que la empatía es uno de los factores que ayudan al ser humano a progresar como persona y una de las razones por la que seguimos existiendo como especie.

Para terminar con las características más destacables inherentes a la psicopatía mencionaré la impulsividad, la falta de responsabilidad, el deficiente control de la conducta que domina sus vidas y, especialmente, su exacerbado egocentrismo. Conductas que el mayor experto en psicopatía del mundo, el doctor Robert Hare de la Universidad de Vancouver, resume en «un déficit en la integración del mundo emocional con el razonamiento y la conducta».

| CARACTERÍSTICAS DE LA PSICOPATÍA ||
ÁREA EMOCIONAL	ESTILO DE VIDA
- Locuacidad y encanto superficial - Egocentrismo y sentido exacerbado de la autoestima - Falta de remordimientos - Ausencia de empatía - Mentiroso y manipulador - Emociones superficiales	- Impulsividad - Deficiente control de la conducta - Necesidad de excitación continuada - Falta de responsabilidad - Problemas precoces de conducta - Conducta adulta antisocial

El móvil del asesino

Bien, una vez que ya sabemos cómo son los psicópatas y de qué forma puede catalogarse su comportamiento, centrémonos en la motivación de sus crímenes, en el móvil que les lleva a matar, lo que hace desarrollar todo su poder depredador.

Expertos criminólogos como James Fox y Jack Levin cifran en cinco las motivaciones que alientan a un psicópata criminal a actuar. Por su parte, el profesor Garrido las amplía a seis y la escuela tradicional las reduce únicamente a dos: búsqueda de poder y búsqueda de sexo. Yo soy de esta última opinión, pero también creo que para comprender mejor sus actos es más recomendable mencionar esas seis categorías que no son excluyentes entre sí, pudiendo darse varias de ellas a la vez en un solo individuo.

MOTIVACIÓN	CONCRECIÓN
Sexo/sadismo	Alguien mata a sus víctimas para obtener goce.
Poder/control	El asesino mata simplemente por sentirse superior.
Venganza	El criminal quiere devolver la humillación sufrida por un colectivo, asesinando a sus integrantes.
Lealtad	Una pareja de asesinos se jura lealtad eterna y mata para probar esa lealtad.
Lucro	Quien mata lo hace por dinero.
Terror	El psicópata mata para sembrar el miedo en una población de tamaño determinado.

Junto a esta, los expertos estadounidenses en asesinos seriales, Ronald M. Holmes y James De Burguer, establecieron otra clasificación basándose en 110 casos. Claramente el resultado bebe de las ideas emanadas del FBI, pero rechaza el factor social como móvil de los crímenes. Ellos no creen que la pobreza, la pertenencia a una familia inestable o la subcultura de la violencia en la que vivimos sean causa para explicar la aparición de asesinos seriales y llegan a la conclusión de que todo puede explicarse por factores psicológicos. La respuesta está en la psique del asesino, es su conclusión.

Según sus estudios, los asesinos en serie pueden clasificarse, según su motivación, en estas categorías:

ORIENTADOS POR EL ACTO	
El tipo visionario	El asesino mata como respuesta a unas voces o visiones que le exigen destruir a una persona o a una categoría de personas. Se corresponden claramente con los psicóticos.
El tipo misionero	El asesino decide salir a cumplir la misión de liberar al mundo de una categoría de personas en su creencia de que son malas para la sociedad.
El tipo hedonista orientado a la comodidad	Mata para sentir un estremecimiento especial y para lograr ganancias materiales.
El tipo hedonista orientado por la lujuria	Le excita el sexo mientras asesina o practicándolo con el cadáver.
El tipo hedonista orientado hacia la emoción	Mata para alcanzar el orgasmo.
El tipo orientado al placer/control	Su satisfacción principal es dominar la vida y la muerte de la víctima.

Como estamos viendo en casi todos los casos presentados y seguiremos percibiendo a medida que avancemos, el móvil más persistente es el sexual y sádico. Sexual porque estos asesinos buscan disfrutar y gozar con sus delitos y sádico porque las agresiones casi siempre llevan implícitas el sufrimiento de la víctima, más allá de lo catalogado como normal en este tipo de situaciones. Esto, que puede resultarnos una frivolidad dicho así, se entiende mejor con un ejemplo. Si disparamos a una persona a la cabeza para matarla, no hay connotación sádica porque lo hacemos para acabar con su vida de un modo inmediato. Si, por el contrario, le disparamos a las piernas para ver cómo sufre, está clara la presencia del componente sádico. El sadismo puede llegar por infligir dolor físico o psicológico a la víctima y siempre lleva aparejado el goce sexual de quien lo ejercita, por lo que es redundante hablar de alguien como un sádico sexual.

El aprendizaje normal nos enseña que sólo podemos tener una relación sexual con otra persona cuando ella lo consiente y que la violencia sólo es desplegable en circunstancias muy concretas, como la defensa propia. En los psicópatas criminales este modelo no funciona porque nunca han sido capaces de percibir esa diferenciación, precisamente por el egocentrismo y la carencia de empatía que rigen sus existencias. Además, en sus fantasías siempre está presente la violencia como potenciador del orgasmo, siendo, a veces, el único modo de llegar a él. Para ejemplificarlo repasaré brevemente un caso español muy célebre, el de Juan José Pérez Rangel, conocido como el *Asesino del parking*.

Todo se inicia, como siempre, en una fecha, la del 11 de enero de 2003. Ese día, la familia de Ángeles Ribot siente la ausencia de esta a la hora de comer. Ángeles vive en el barrio selecto del Putxet, tiene cuatro hijos y trabaja en una inmobiliaria. Ese día ha ido a trabajar por la mañana, pero no ha regresado a casa al mediodía y tampoco se sabe nada de ella a la tarde en la oficina. Cada vez más preocupados, sus hijos constatan que su coche sigue estacionado en el aparcamiento añejo al domicilio familiar e interponen una denuncia en la Policía

Local. Cuando regresan de la comisaría deciden inspeccionar el garaje.

Debajo de la escalera de la planta quinta, la última, encuentran el cadáver de su madre. Durante el examen policial de la escena se averigua que a Ángeles le falta el bolso y las tarjetas de crédito, pero no un valioso anillo que permanece en su dedo. Algo no encaja. La agresión ha sido brutal. Todo indica que la mujer fue arrastrada varios pisos abajo por las escaleras y que intentó defenderse de su agresor. Los cortes presentes en sus manos y dedos, levantados en un intento de repeler las cuchilladas que penetraron en su cuerpo, así lo corroboran. Las más importantes se localizan en el abdomen y en el costado. Un gran charco de sangre rodea al cadáver, pero las incisiones no han sido la causa de la muerte, sino la docena de golpes propinados en su cabeza con un objeto de base cuadrada y redonda que los policías identifican como algo similar a un martillo de encofrador. Hay pérdida de masa encefálica.

En la escena no se obtiene ninguna huella significativa del agresor, pero la policía está de suerte. El mismo día del crimen un hombre llama a Antonio, el marido de la víctima, pidiéndole dinero a cambio de entregarle información sobre lo acontecido. La cita se acuerda para la jornada siguiente en un lugar que el desconocido estipulará por teléfono.

Durante esa jornada Antonio es llevado mediante indicaciones telefónicas de un lugar a otro sin sentido aparente. El comunicante quiere cerciorarse de que nadie le sigue y finalmente lo cita en un bar. Cuando Antonio entra nadie se acerca a hablar con él y al rato se marcha. En ese instante la policía, que ha seguido sus pasos, pe-

El profesor Vicente Garrido Genovés, uno de los mayores expertos sobre asesinos seriales en España.

netra en el local y anota el DNI de todos los presentes. Entre ellos se encuentra Juan José Pérez Rangel, que no es sólo el asesino de Ángeles, también el autor de la misteriosa llamada. Claro que en ese instante nadie excepto él lo sabe.

Uno de los detalles que asombra en esta historia es la escasa pericia de Juan José Pérez Rangel. Por su dejadez y confianza, en un solo día los agentes ya disponen de su número de identidad y de una grabación realizada por un cajero de Caixa de Calatunya, en la que se ve a un joven de unos 25 años sacando dinero con la tarjeta de la víctima. La mala nitidez de la grabación permite, sin embargo, que Rangel cometa su segundo crimen.

Desde ese 11 de enero el asesino ha continuado vigilando la entrada del *parking*. Los vecinos se han percatado de su presencia, pero nadie llama a la policía. En una libreta, Rangel anota las matrículas y horarios de los coches que entran y salen. Quiere tener un control absoluto de la situación.

El 22 de enero aparece otro cadáver en el mismo aparcamiento y en el mismo hueco de la escalera donde se encontró el de Ángeles. La víctima se llama Maite de Diego. Su cuerpo está semisentado, boca arriba, con las manos esposadas a la espalda y atadas con una cuerda de nudo doble, al igual que uno de los pies, que ha sido sujeto a la barandilla con los cordones de sus zapatillas. La cabeza está tapada con una bolsa negra de basura anudada al cuello. Dentro de su boca hay hojas de periódicos. Todo indica que, mientras la mujer se asfixiaba, el asesino le golpeaba la cabeza fuertemente con un objeto contundente, ya que se encuentran gotas de sangre a 90 centímetros de distancia.

Con este nuevo hallazgo se demuestra que el asesino no mata por lucro, sino por sadismo. Las esposas, el papel de periódico en la boca, la bolsa de basura… todo está ideado para acrecentar el dolor de la víctima. No habrá una tercera muerte. Uno de los policías logra una imagen más nítida del cajero automático y el hombre que aparece le recuerda al joven que identificó en aquel bar en la mañana del 12 de enero. Es Juan José Pérez Rangel.

Tras detenerle su historia completa sale a la luz y es una triste historia. La de un muchacho que vive en el barrio marginal de la Mina, cerca de la cárcel Modelo, y que ansía pertenecer a una clase alta que nunca le admitirá. Rangel no tiene apenas estudios, ni casa propia, ni un trabajo cualificado. Por eso mata en el Putxet, como una venganza hacia quienes le desprecian por lo que es. Venganza que une a su sadismo.

Algunos lectores se habrán percatado de una especie de contradicción, que pese a señalarlo como asesino serial, Rangel sólo mató a dos personas y no a tres, como exige la definición con la que se iniciaba este capítulo. Si se le ha incluido en esta categoría es porque los numerosos indicios del caso apuntaban a que Rangel ya estaba preparándose para un tercer asesinato y de salirle bien, seguramente para un cuarto.

Juan José Pérez Rangel ejemplifica también lo antes comentado de que, en el fondo, lo que estos criminales intentan es ser quienes no son o modificar el entorno para adaptarlo a sus fantasías personales, por ello, el profesor Garrido afirma muy acertadamente que «el fin último de todo asesino múltiple es tener el poder suficiente para imponer su fantasía sobre una realidad que les disgusta profundamente y que encuentran difícilmente tolerable».

De todas las motivaciones mencionadas en el cuadro, quizá la más sorprendente sea esa en la que una pareja de asesinos se jura lealtad eterna y mata para probar esa lealtad. Ciertamente es de las menos frecuentes porque exige la coordinación de dos personas con instintos asesinos, pero no es tan inusual como pueda pensarse a priori.

Charles Starkweather, inspirador para historias como la relatada en la película *Asesinos natos*.

«Disparar a la gente daba, creo, como un estremecimiento. Sacaba algo de ti.» Estas impactantes palabras fueron pronunciadas por Charles Starkweather tras su detención en 1958. Nadie que le conociese en ese año diría que Starkweather era un muchacho feliz. Como tantos otros jóvenes de su generación, la infancia de Starkweather había transcurrido dominada por los efectos de la Gran Depresión norteamericana, pero no todos dejaron que el resentimiento se colara en sus corazones. Starkweather sí. Algunos achacaban a las penurias sufridas su carácter tosco y hostil, pero lo cierto es que había algo más, algo más profundo en su carácter antisocial.

A los 19 años Starkweather trabajaba de basurero y también a los 19 años cometió su primer asesinato. La víctima fue Robert Colvert, empleado de una estación de servicio a la que Starkweather había entrado para atracarla. Después de que Colvert le entregase 108 dólares de la caja, Starkweather le metió en el maletero de su coche a punta de escopeta. Sabía que Colvert le había reconocido, a pesar de tener un pañuelo cubriéndole la cara. Ya en un lugar apartado de la ciudad de Lincoln, Nebraska, Starkweather no dudó en dispararle a la nuca dejándolo muerto entre las malezas.

No había habido testigos y la policía jamás molestó a Starkweather por este crimen, por lo que las siguientes seis semanas transcurrieron para él con toda normalidad. Durante ese tiempo se entretuvo practicando lanzamiento de cuchillo con su novia de 14 años Caril Fugate. A pesar de que ambos se quisiesen y pasaran muchas horas juntos, la familia de ella nunca aprobó esa relación. La madre de Caril acusaba a Starkweather de haber dejado a su hija embarazada y prohibía a este volver a verla.

Un día en el que las palabras fueron a mayores Starkweather pegó a la madre de Caril y cuando su marido acudió a defenderla martillo en mano, el joven sacó la escopeta de su camioneta y le disparó en la cabeza. Acto seguido golpeó a la mujer con la culata al menos dos veces y la dejó muerta en el suelo. La matanza no había acabado. Avisado por Caril de que su padrastro aún vivía, Starkweather le siguió hasta su habitación donde le clavó un cuchillo de cocina en el cuello repetidamente. Luego lo usó para matar a la hija menor de la familia, Betty Jean Barlett, de dos años y medio. Cometidos los crímenes, se sentó en el sofá a ver la televisión. «No recuerdo lo que ponían. Necesitaba un poco de ruido. Había demasiado silencio», contaría más tarde a la policía.

Tras unas horas de reposo, ambos enamorados escondieron los tres cuerpos y limpiaron la casa, donde se quedaron a vivir durante seis días. Para Starkweather aquella fue la mejor semana de su vida, sin nadie que le diese órdenes. Era el rey del hogar. Nunca perdió la serenidad. Ni siquiera cuando recibió la visita de un par de agentes que acudieron alertados por las llamadas de los familiares que no lograban contactar con el matrimonio. Sus buenos modales y la excepcional bienvenida dispensada hicieron que los policías ni siquiera inspeccionasen las habitaciones.

Pero Starkweather sabía que el engaño no duraría mucho más y ya con Caril Fugate decidió acudir a la granja de un viejo amigo de su familia, el anciano de 70 años de edad, August Meyer. Caril había decidido acompañarle voluntariamente y serle fiel en el futuro que les aguardase, fuera cual fuese. Ya había mostrado signo de esa fidelidad ayudándole a matar a su padrastro y no oponiéndose al asesinato de su hermanastra.

En el camino de entrada la furgoneta se quedó atascada por el barro. Ya en prisión, Starkweather aseguró que esta fue la razón por la que mató al anciano. «Caril estaba muy cabreada porque nos habíamos quedado atascados. Dijo que teníamos que ir a liquidarlo por no haber limpiado el camino. Yo le dije que de acuerdo». Meyer murió de un disparo de escopeta y su cadáver fue arrastrado hasta el lavadero, donde Starkweather lo dejó tapado con una manta.

Para entonces la policía ya había descubierto los cadáveres de la familia de Caril y seguía la pista a la pareja de asesinos. Estos desconocían las últimas noticias, pero intuían que debían actuar deprisa, así que después de descansar y comer algo salieron nuevamente a la carretera, pertrechados ahora con un rifle y una escopeta recortada. La furgoneta no podía andar por aquellos barrizales y decidieron hacer autostop. Dos estudiantes del instituto local, Robert Jensen y Carol King, les recogieron y nada más subirse Starkweather amenazó a Jensen con su arma. Su cadáver aparecería en la entrada del sótano de la escuela con seis disparos en la oreja izquierda, junto al de Carol King. Ella con los pantalones y las bragas bajados hasta las rodillas y con daños internos en la vagina, el cuello del útero y el recto producidos por un instrumento muy cortante. Starkweather siempre aseguró que a la joven la asesinó Caril por celos cuando él la quiso violar. No había rastro de esperma ni indicios de agresión sexual, por lo que la violación no llegó a efectuarse.

Siempre según la versión de Starkweather, fue entonces cuando él quiso entregarse, pero Caril le quitó la intención de la cabeza. «Yo le dije que me iba a entregar y ella me decía que no. Yo decía que sí, y ella decía que no». Ya sabemos que los psicópatas son grandes mentirosos, por lo que esta declaración nunca fue tomada en serio.

Sus deseos de ver los estragos producidos les llevó a regresar a casa de Caril, por donde pasaron de largo al ver que la policía tenía el lugar acordonado. Se dirigieron al barrio más exclusivo de Lincoln y penetraron en la mansión del industrial de 47 años C. Lauer Ward. En el interior se toparon con su mujer, a la que mataron al cabo de unas horas, y con la criada del hogar, asesinada junto al señor Lard cuando este regresó del trabajo. Los cuerpos fueron encontrados al día siguiente. El de Lauer Ward junto a la puerta de la entrada, con heridas de bala en la sien y la espalda, más una herida de puñal en el cuello. El de su mujer, Clara Ward, en el suelo de uno de los dormitorios con heridas de cuchillo en el cuello, pecho y espalda. Y el de la criada, Lillian Fencl, atado a la cama en otro dormitorio, con el pecho, el estómago, las manos, los brazos y las piernas cosidos a puñaladas. Por fin el muchacho recogedor de basuras se vengaba de los ricos que amargaron su infancia.

Robando la limusina del industrial, los dos asesinos pusieron rumbo a Washington. En el arcén de una autopista vieron parado un coche. Asesinaron a su conductor y le robaron el coche dejando el cadáver dentro. Ese sería su gran error. Parados por un hombre que creía necesitaban ayuda, Starkweather inició con él una pelea que alertó a un coche patrulla que casualmente pasaba por allí. Tras una trepidante persecución, Starkweather se entregaba en medio de una lluvia de disparos.

Cuando los periodistas acudieron a la penitenciaría a fotografiarles, Caril se presentó con la cabeza tapada por una bufanda y sonriendo levemente. Starkweather

Caryl Fugate, novia de Charles Starkweather y cómplice en sus asesinatos.

fingía no prestar atención, pero fumaba un cigarrillo con pose ensayada, al estilo James Dean.

Durante el interrogatorio al que fue sometido aseguró que todas las muertes habían sido en defensa propia y que realmente él no quería haber ocasionado ningún mal. Como tantos otros asesinos seriales, Starkweather mostraba un tremendo desconcierto en la motivación que rodeó a sus crímenes y, también como tantos otros, habló de fuerzas internas que se apoderaban de su cuerpo y le impedían obrar correctamente. Es la estrategia del monstruo dentro de mí, por la cual estos criminales intentan hacer creer a su interlocutor que su cuerpo posee una parte enferma con la que ellos no comulgan, pero que en algunos instantes supera a la parte sana, motivando los crímenes. Es el viejo argumento plasmado por el genial Robert Louis Stevenson en *El extraño caso del doctor Jeckyll y mister Hyde*.

Nada de ello hay en estas personas, sólo el profundo deseo de hacer realidad sus fantasías de perversión y muerte.

2

EL MUNDO DE LOS ASESINOS MÚLTIPLES

Fantasías, frustraciones y crímenes

Si en el capítulo anterior nos centrábamos en cómo piensan y sienten los asesinos múltiples, en este intentaremos ahondar en sus actos, estudiando eso que ha venido en denominarse el proceso homicida.

A lo largo del capítulo anterior se ha hecho mención en varias ocasiones a la fantasía como una parte imprescindible para comprender el mundo de los asesinos seriales, pero ¿qué debemos entender por fantasía? La fantasía, en su vertiente sana, es una creación mental que ayuda a una persona a esforzarse para alcanzarla respetando las normas establecidas, claro está. La fantasía puede ser de índole cultural, sexual, laboral, social… Fantaseamos con ser famosos, con conquistar a estrellas del celuloide, con vivir en casas mejores, con estar en situaciones sexuales especialmente excitantes… Podemos identificar el fantasear con el soñar, no importa, es lo mismo. El problema llega con los asesinos seriales. En sus mentes la fantasía es, como en nosotros, un motor, pero las suyas son insanas, porque muy a menudo comprenden escenas de dolor, sadismo y muerte. Escenas en las que sólo tiene cabida el placer del agresor.

En un primer estadio, centrado en la niñez o comienzo de la adolescencia, estas fantasías sólo permanecen en la mente y únicamente se exteriorizan con actitudes que quienes las observan califican de raras o excéntricas. Un ejemplo es el ya relatado de Edmund Emil Kemper III, que gustaba de arrancar las cabezas a las muñecas de sus hermanas y colgar animales. Exactamente lo que después haría con personas.

Como un niño que juega con un balón para luego crecer como futbolista, de igual forma estas personas se preparan para matar, sólo que ellos siempre se convierten en profesionales. Para no causar alarmas innecesarias realizaré una puntualización muy importante. El lector debe percatarse de que estamos hablando de personas muy concretas, con desviaciones muy profundas y persistentes, por lo que no todos los niños que arranquen cabezas a las muñecas de sus hermanas se convertirán con el tiempo en un Edmund Emil Kemper III. Hay un punto en el que la actitud humana es comprensible y se encuadra en los parámetros normales y otra donde ya debemos empezar a preocuparnos. La diferencia, como digo, está en la persistencia e intensidad de esa actitud anómala, en la fijación por llevarla a cabo y en el acompañamiento de otras actitudes antisociales como el sadismo con animales o el gusto por producir incendios continuados. En el cuarto capítulo profundizaremos sobre cómo detectar una posible actitud psicopática a tiempo.

Prosigamos con el relato. Las entrevistas con estos psicópatas nos indican que tras el nacimiento de la fantasía se va generando en el individuo un sentimiento extraño, de disociación con el mundo circundante. Su fantasía personal va ocupando cada vez más su tiempo, haciéndose más fuerte con el trascurso de los años, hasta llegar un instante, localizado al comienzo de la vida adulta, en el que el yo interior vence a las reticencias morales. Llega el momento conocido como *el período de ensayo de los asesinatos* caracterizado en que el futuro asesino comienza a actuar tímidamente y ya con personas reales en un intento de hacer realidad sus fantasías en la medida de su valentía. Este ensayo puede comprender alguna violación, espiar a alguien que encaje en su perfil de víctimas, algún intento frustrado de secuestro… No debemos olvidar que los psicópatas distinguen perfectamente el bien y el mal, por lo que el miedo a ser detenidos puede en este estadio mucho más que su fantasía de violencia.

Es durante esta fase de ensayo cuando comienza a perfilarse el futuro *modus operandi* del agresor. Ted Bundy, aquel hombre que se escayolaba el brazo para engatusar a jóvenes incautas y secuestrarlas, comenzó durante su período de ensayo a desinflar ruedas en los coches de sus compañeras de universidad y a robarles partes del motor. Nunca pasó de ahí porque las muchachas siempre eran ayudadas por algún amigo, enseñándole que si quería secuestrarlas debía cambiar de proceder, como realmente haría después.

¿Cuándo comienzan entonces a matar? La estadística nos dice que casi siempre hay un desencadenante para la furia homicida, un chispazo que provoca el salto del período de ensayo al intento real de matar. En un hombre llamado Richard Marquette fue no poder consumar el acto sexual con la mujer que había conocido en un bar; en Ted Bundy enterarse de que quien creía su hermana era realmente su madre y de que la mujer a la que amaba rechazase su oferta de matrimonio. Lo mismo le sucedió a Christopher Wilder, decidido a matar desde que una bella joven, perteneciente a una familia adinerada de Florida y maestra de niños discapacitados psíquicos, le dijese no al matrimonio.

Christopher Wilder había llegado en 1970 a Estados Unidos desde su Australia natal, donde abrió un negocio inmobiliario que tuvo bastante éxito y que le permitió vivir holgadamente. Participaba en carreras de coches, esquiaba en estaciones selectas, poseía varios inmuebles… También era amante de los animales y realizaba donaciones periódicas a asociaciones en defensa de las ballenas y focas. Podría decirse que su vida puertas afuera era placentera y agradable. Podría decirse que hasta envidiable.

Pero nada de esta supuesta tranquilidad era cierta. Tras ser rechazado por la mujer que hemos comentado, trazó un plan por el que simulaba ser un fotógrafo profesional en busca de modelos. Con este ardid logró engatusar a varias chicas jóvenes, a las que llevaba a su casa para electrocutarlas hasta morir. Las torturas le producían un placer tan tremendo que en algunos casos ni siquiera violaba a las desdichadas, habiendo satisfecho sus instintos mediante el sadismo. De este modo acabó con la vida de once mujeres.

Los episodios que producen este desencadenante son de lo más variado: pérdida de empleo, rupturas sentimentales, problemas económicos, una muerte... Como observamos, no son situaciones ajenas a la mayoría de los mortales y en algunos casos ni siquiera lo suficientemente traumáticas, pero los futuros asesinos seriales los perciben como acontecimientos insuperables. Sus personalidades defectuosas no son capaces de afrontarlos y acuden a las fantasías homicidas como único medio para evadirse de la realidad. Cuando uno de estos hechos aparece en sus vidas, todo lo que habían construido se hunde y entonces afloran sentimientos de venganza, de resentimiento... Su egoísmo y crueldad sale a flote y ya nada les devolverá la felicidad y estabilidad de la que creían gozar.

Impulsividad y oportunidad

Bien, ya tenemos al asesino a punto de matar por vez primera. Su fantasía ha ido creciendo en intensidad durante años en su mente y hasta ahora sólo ha sido exteriorizada mínimamente durante el período de ensayo. Pero la situación ha cambiado, la ruptura de una relación sentimental, un negocio fallido... le han demostrado que nada debe esperar de las personas en las que creía confiar y que es el momento de dar rienda suelta a su egoísmo. Es hora de matar.

Los asesinos múltiples siempre actúan en base a dos criterios: impulsividad y oportunidad. La impulsividad se refiere al surgimiento de las ansias de matar y la oportunidad a las circunstancias que le permiten hacerlo.

Respecto a la impulsividad, este término refleja lo que es, el impulso que sienten estas personas de matar, de hacer realidad sus fantasías en determinados instantes. Esto no significa que no puedan detenerse cuando sienten esa «llamada», ya que de entenderlo así deberíamos concluir que hay alguna patología o trastorno en el control de los impulsos, como sucede con los ludópatas, que no pueden resistirse a jugar cuando se les presenta la ocasión. Aquí no funciona así. Algunos asesinos seriales sienten esa impulsividad cuando se topan con una víctima que responde a sus gustos y otros cuando ha transcurrido un tiempo desde el último crimen. No hay un factor común, cada uno de ellos funciona con una lógica diferente.

El 10 de mayo de 2000 se descubrieron dos cuerpos femeninos mutilados en la Universidad de Sana, en la capital homónima de Yemen. Dos días más tarde el sudanés Muhammad Adam era detenido. Cuando fue interrogado el sospechoso, que trabajaba como empleado en el depósito de cadáveres, dejó boquiabiertos a los policías al confesarse autor de 16 asesinatos en Yemen y al menos 24 repartidos entre Sudán, Kuwait, el Chad y la República Centroafricana.

El *modus operandi* del *Asesino de la morgue*, como le bautizaron los periódicos, consistía en atraer a jóvenes estudiantes al depósito de cadáveres con la promesa de ayudarlas en los estudios. Sin que pudiesen reaccionar, las desdichadas eran atacadas brutalmente, violadas y asesinadas. La confianza con la que actuaba este hombre le permitía grabar la escena y descuartizar los cuerpos para tirar unos miembros por la alcantarilla y enterrar los restantes en diversos lugares de la universidad.

Las autoridades estaban escandalizadas. Al igual que sucediese con Andrei Chikatilo en la antigua URSS, aún hoy ciertos países integristas como Irán niegan el fenómeno de los asesinos seriales en sus fronteras y los consideran exclusivos de las naciones capitalistas. En parte es lo que sucedió con Muhammad Adam, aunque aquí las pruebas fueron tan evidentes y su actuación había afectado a tantos países que fue imposible ocultar el episodio.

A modo de curiosidad destacaré que cuando fue preguntado por el motivo que le llevaba a matar contestó: «Sentía un impulso que no sabía de dónde venía. Cuando veo a chicas, sobre todo las chicas hermosas, algo pasa en mi mente. Nunca puedo resistir ese impulso».

Los asesinos seriales siempre adaptan el impulso al criterio de oportunidad. ¿Quiero matar ahora y puedo hacerlo sin ser descubierto? Pues lo hago. ¿Quiero matar, pero si lo hago ahora seré descubierto? Pues espero. Así podría reducirse la situación. Los asesinos seriales son capaces de aguantar horas o días, esperando ese instante propicio.

La oportunidad debe relacionarse con muchos aspectos. Un asesino tiene oportunidad de matar cuando la víctima elegida está sola, pero también cuando las leyes de un país permiten su actuación. Esto último, unido a otros factores, es lo que permitió al ucraniano Andrei Chikatilo convertirse en uno de los asesinos más prolíficos de la historia.

Andrei Chikatilo, *el Carnicero de Rostov*, sus asesinatos fueron silenciados durante décadas por el régimen comunista.

Hoy todos le conocemos con el apodo de *El carnicero de Rostov*, pero durante el tiempo que estuvo en libertad era Andrei Romanovich Chikatilo, humilde maestro de escuela adscrito, como sus millones de compatriotas, al Partido Comunista. La leyenda cuenta que poco después de nacer, el 16 de octubre de 1936, el país sufrió una terrible hambruna, fruto de la cual unos campesinos hambrientos secuestraron a su hermano para devorarlo. Fuese por este hecho o por mera genética, Andrei siempre se caracterizó por su apariencia triste y taciturna. Hasta los 12 años siguió orinándose en la cama y sus compañeros de clase se burlaban cruelmente de él. Tampoco su control sexual era normal, bastándole abrazar a una chica para eyacular inmediatamente.

En 1963 se casó con Fayina y tuvo dos hijos, pese a sus problemas para mantener una erección el tiempo necesario. En diciembre de 1978 comete su primer asesinato. En una cabaña de su propiedad, a las afueras de la localidad de Novoshakhtinsk, mata a la niña de 9 años de edad Lena Zakotnova. El cuerpo es encontrado flotando en el río Grushevka con decenas de cortes e incisiones. Como relataría Chikatilo más tarde, sólo dejó de acuchillarla cuando alcanzó el orgasmo.

Tras este primer cadáver aparecen otros, siempre son de niñas y siempre en los alrededores de estaciones de tren rurales. Estamos en los años 80. El desarrollismo aún no ha llegado a Ucrania y el campo vive en una situación casi medieval. No hay policía para vigilar todos los caminos y los niños deambulan solos porque sus padres están ocupados trabajando. Chikatilo se aprovecha de esta circunstancia –criterio de oportunidad– y de otra muy peculiar. La URSS rivaliza con Estados Unidos por la supremacía mundial dentro de la Guerra Fría y todo lo que llega desde Occidente es calificado como decadente. La realidad de los asesinos seriales no se escapa a esta visión y el Partido Comunista niega su existencia en su territorio por considerarlos fruto del capitalismo –criterio de oportunidad–, por lo que los asesinatos de niñas que llevan años sembrando el pánico entre los aldeanos de esa remota región de Ucrania no son relacionados entre sí.

Amparado en la permisividad policial –criterio de oportunidad–, Chikatilo continúa matando. Las niñas aparecen con los úteros extirpados y sus cuerpos plagados de moratones y cortes. Su proceder siempre es el mismo. Primero se acerca a una joven que se encuentre sola en la estación y con engaños la lleva a alguna zona boscosa cercana donde la viola, asesina y descuartiza. En ocasiones llegará a comerse parte de sus cuerpos y a beberse su sangre.

Uno de los investigadores del caso, Igor Rybakov, logra que un psiquiatra elabore un perfil psicológico del criminal. Este señala que la persona buscada debe ser un hombre normal, probablemente casado, con un trabajo regular y, por el esperma encontrado, con sangre del tipo AB. La descripción lleva a la detención de Andrei Chikatilo, pero este logra convencer a los agentes de su inocencia y es puesto en libertad. Además, su grupo sanguíneo no coincide con el del perfil. El suyo es A.

Los años pasan, los crímenes continúan y, afortunadamente, la situación política experimenta un giro radical. La caída del Muro de Berlín precipita el derrumbe del régimen comunista y un aire de libertad oxigena el ambiente. Igor Rybakov aprovecha la coyuntura y contacta con el FBI, que le envía una valiosísima información sobre los asesinos seriales. Gracias a un dispositivo de búsqueda Andrei Chikatilo es detenido el 20 de noviembre de 1990 en los alrededores de una estación de ferrocarril. Tiene sangre en las manos y en el abrigo. Hace tan sólo unos minutos que ha cometido el que será su último asesinato. Nuevas pruebas médicas descubren que padece una anormalidad natural: su sangre es del grupo A, pero su semen es del AB. Coincide con el esperma hallado en los cadáveres.

En 1992 se le condena a morir de un disparo en la nuca por la muerte de 53 niñas y mujeres, cifra que posiblemente fuese bastante mayor, ya que algunos cadáveres nunca fueron localizados.

Impulsividad y oportunidad, decíamos antes de repasar la historia de Chikatilo, magníficamente representada en el filme *Ciudadano X* (Chris Gerolmo, 1995). Dos aspectos presentes en todos sus crímenes.

La zona del confort

El criminal está a punto de cometer su primer asesinato. La fantasía ha ganado la partida a su deficiente control de la conducta, pero aún no es un asesino profesional. Por ello, y de un modo comprensible, el futuro asesino serial comienza actuando en un entorno que le otorga seguridad, en la llamada *zona de confort*. Esto es lo que nos dicen las estadísticas al menos, que el primer asesinato siempre se produce en esta zona de confort, ese lugar perfectamente conocido por ellos en el que la huida es casi segura, donde se sienten protegidos. Puede ser su barrio, el lugar de trabajo, la manzana donde vive un familiar. Como dice el profesor Garrido en su libro *La mente criminal*: «por supuesto no matan en la misma puerta, pero tampoco suelen aventurarse demasiado lejos de ella en el primer asesinato». Andrei Chikatilo mató por vez primera en una cabaña de su propiedad y Ted Bundy en el barrio universitario de Seattle, en Washington, ese que tan bien conocía por ser donde cursó varias carreras a la vez.

Este suele ser uno de los pocos elementos reales sobre los asesinos seriales que las películas de Hollywood reflejan fielmente, seguramente por su fuerte carga dramática. Sobre el resto, mejor no opinar. Ya se sabe, el cine, cine es.

El primer asesinato también es importante porque es aquí donde comenzamos a descubrir el *modus operandi* que el asesino adoptará en futuros crímenes. Por *modus operandi* se comprende el conjunto de acciones realizadas por un asesino, de una forma más o menos repetitiva, desarrolladas para lograr su objetivo de matar y escapar del lugar después. Acciones que pueden aplicarse a cualquiera que delinca repetidamente, como un ladrón, pirómano o violador serial. Un aspecto diferente es la *firma*, compuesta por una serie de acciones que tienen por objeto expresar la identidad del autor. Es una especie de marca dejada para decir: «lo hice yo».

La firma es mucho más personal que el *modus operandi*. Llega cuando se ha consumado el delito, sin influir en su realización. El criminal no la necesita para matar. Expresa el pensamiento del criminal, su fantasía, es una traslación de su mundo emocional, una forma de exteriorizar sus sentimientos más profundos y secretos. Algunos dejan cartas junto a las víctimas, como Alfredo Galán, el *Asesino de la baraja*, que comenzó a depositar naipes a raíz de que la policía descubriera casualmente al lado de su primera víctima una carta de la baraja española. Otros colocan los cuerpos en posturas grotescas, como en su momento dijimos de Richard Trenton Chase. Todo parece valer. Lo importante es reseñar que no son actitudes escogidas al azar. En la mente del criminal tienen un motivo de ser, aunque a nosotros llegue a costarnos comprenderlo.

Casi cualquier caso que comentemos tendrá presente ambos factores, aunque la firma siempre será más difícil de desentrañar que el *modus operandi*, al ser la primera, como se ha dicho, mucho más personal.

Durante años se ha pensado que el *modus operandi* era inalterable, que cuando un criminal adoptaba una forma de actuación esta ya no cambiaba. El cine ha perpetuado esa creencia, aunque es radicalmente falsa. Quienes investigan estos hechos han constatado que en muchas ocasiones el *modus operandi* varía de una víctima a otra. A veces en características nimias, otras completamente.

Cuando alguien mata de forma sucesiva, descubre en cada delito nuevos detalles que pueden mostrarse

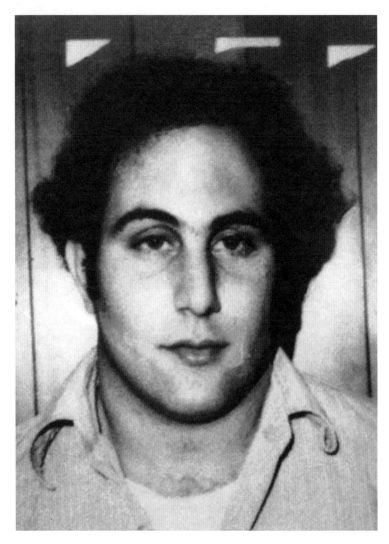

David Berkowitz, *el Hijo de Sam*, gracias a él se descubrió que los asesinos seriales no tienen por qué mantener un *modus operandi* fijo.

importantes para ocultar mejor el cadáver, exponerse menos a ser descubierto o para aumentar el dolor de la víctima y, por tanto, su propio placer. Se pule el crimen. Un caso paradigmático es el de David Berkowitz, *el Hijo de Sam*. A su primera víctima intentó matarla con un cuchillo. Cuando observó que los periódicos no decían nada del asalto dedujo que la mujer había sobrevivido. Entonces alteró su *modus operandi*. Viajó a Texas, se compró una pistola del 44 e inició una fructífera escalada de asesinatos, ya a punta de pistola.

El gran problema llega en que este análisis que el criminal hace de su primer asesinato, descubre que la gratificación obtenida no se corresponde con la esperada. Dicho de otro modo, la fantasía ha superado a la realidad. Este es el motivo por el que el asesino o violador serial buscará a otra víctima para alcanzar esa gratificación tan ansiada y luego a otra y a otra, porque la realidad jamás se equiparará a lo pensado. Siempre hay un detalle que no se corresponde con lo deseado, una víctima que muere demasiado pronto, alguien que intenta escapar, un movimiento inesperado... Tras cada muerte el criminal recapacita sobre lo sucedido, pero no por remordimientos, sino para indagar qué podía haber hecho para que hubiese sido todo más satisfactorio. Quiere mejorar. Es lo que Robert Ressler llama *experiencias por satisfacer*.

El asesino inicia entonces una marcha sin freno hacia el abismo porque, sabedor de que ya ha traspasado todos los límites, nada le impide proseguir con su escalada criminal. He aquí el auténtico quid de los asesinos seriales y de ahí el tremendo número de víctimas que atesoran algunos de ellos.

Organizados y desorganizados

Llegamos ahora a un punto crucial en el análisis del comportamiento de los asesinos seriales: la distinción entre asesinos organizados y desorganizados. Ambos términos fueron acuñados por los agentes del FBI John Douglas y Roy Hazelwood a comienzos de los años ochenta, tras analizar un grupo de 36 asesinos sexuales para facilitar la investigación en este tipo de casos.

Trabajando sobre las escenas de crímenes se percataron de que un tipo de asesinos intentaba dificultar la labor policial ocultando el cadáver y sus huellas, mientras que otra categoría de individuos no tenía reparos en dejar el cuerpo a la vista y huir sin preocuparse en cómo quedaba todo detrás de sí. A los primeros se les llamó organizados y a los segundos desorganizados, porque eso es lo que reflejaban ser con su actitud. Más tarde se incluiría una tercera categoría, la mixta, para definir a los asesinos que mezclan ambos procederes.

Los asesinos organizados suelen corresponderse con los psicópatas y los desorganizados con los psicóticos.

El trabajo de los agentes del FBI logró extraer una serie de características inherentes a cada una de ambas tipologías que se presentan en el siguiente recuadro. No están incluidas todas porque la lista es muy larga, pero sí las más significativas.

ASESINOS ORGANIZADOS (Psicópatas)	ASESINOS DESORGANIZADOS (Psicóticos)
- Socialmente competentes - Imagen masculina - Sabe ser simpático - Fuerte autocontrol y autoestima - Poseen un trabajo estable - Control durante el crimen - Sexualmente competente - Inteligencia media-alta - Dispone de movilidad geográfica - Sigue los medios de comunicación - Es un preso modelo - Puede estar casado y tener hijos - Intenta ocultar el cadáver - Limpia la escena del crimen - La víctima es alguien desconocido	- Socialmente inmaduros - Descuidado en su aspecto físico - Huidizo, rechaza el contacto físico - Personalidad frágil, necesitado de ayuda - No trabaja o con empleo poco cualificado - Descuidado - Sexualmente incompetente - Inteligencia baja - Vive y trabaja cerca del lugar del crimen - No sigue los medios - Comportamiento conflictivo - Vive sólo o en compañía de sus padres - No se preocupa por la escena del crimen - Matan a personas conocidas

Como puede observarse, en la teoría los caracteres de uno y otro son excluyentes. Si el organizado sigue las noticias en los medios de comunicación, el desorganizado no, si uno conduce, el otro no… Nuevamente debemos relativizar esta visión y tomarla, como hemos apuntado en otras ocasiones, en términos estadísticos, porque ni todos los asesinos organizados son encantadores, ni todos los asesinos desorganizados carecen de permiso de conducir. Siempre hay excepciones. Por ello algunos prefieren hablar de asesino predominantemente organizado y de asesino predominantemente desorganizado.

Cuando Gerard John Schaefer fue detenido a comienzos de los 70, la Policía supo que había logrado apresar a un peligroso criminal. Desde hacía años se venían registrando extrañas desapariciones en una zona muy concreta de Florida. Muchas jóvenes a las que la tierra parecía tragarse y de las que ni sus restos se encontraban.

Los agentes encargados de la investigación trabajaban en la creación de un grupo especial adscrito únicamente a este caso, cuando dos muchachas acudieron a una comisaría relatando una historia que a la postre daría con el criminal. Según su relato, un hombre de aspecto normal las había recogido en un coche que parecía ser de la policía y con la excusa de llevarlas a su destino terminó por atarlas a un árbol a punta de pistola. Cuando ellas creían morir, el hombre dijo: «Uy, uy, me tengo que ir, volveré», y desapareció. El momento fue aprovechado por ellas para huir y acudir a comisaría.

Ya en el lugar descrito por las jóvenes, los policías localizaron diversos cadáveres diseminados por los alrededores y parcialmente descompuestos, además de prendas femeninas arrojadas sin sentido. La descripción que las dos supervivientes dieron del coche y el físico del agresor llevaron a Gerard John Schaefer, policía de una jurisdicción vecina que poseía antecedentes por abuso de poder. Como reflejaba su expediente, había sido amonestado por parar coches conducidos por mujeres y tomar sus datos personales para luego llamarlas e intentar concertar alguna cita.

Observe el lector los detalles que podemos entresacar hasta ahora de la narración. Tenemos a alguien con trabajo estable y cualificado, no descuidado en sus obligaciones –seguramente dejó a las chicas maniatadas porque empezaba su turno de trabajo–, metódico –siempre utilizó la misma escena para sus crímenes–, de buen aspecto –las mujeres así lo describieron–, y que parece haberse redimido de su pasado. Un auténtico asesino organizado.

Cuando la policía registró su domicilio se encontraron pruebas que le incriminaban en la muerte de dos muchachas desaparecidas. En los armarios y cajones guardaba joyas, prendas femeninas, objetos pertenecientes a sus víctimas que fueron las pruebas clave para condenarle a cadena perpetua. Los agentes también encontraron cuantioso material pornográfico. Schaefer parecía tener una predilección hacia las mujeres ahorcadas, estranguladas y ahogadas. Incluso había escrito relatos y dibujado escenas con esa temática. En una foto donde aparecían tres mujeres desnudas él había escrito: «Estas mujeres me satisfarán. Si no, serán llevadas a la plaza del pueblo y entretendrán a los lugareños bailando colgadas de mi soga».

Schaefer era un asesino tremendamente organizado al que sólo un descuido lo había traicionado. Durante el juicio siguió haciendo gala de su tremendo autocontrol, asegurando a los periodistas que todo era una enorme equivocación y que pronto saldría libre. A pesar de las pruebas y los testimonios claramente incriminatorios, el acusado nunca perdió la compostura ni la sonrisa. Murió asesinado por otro preso en la cárcel el 3 de diciembre de 1995.

Para encuadrar a un criminal en alguna de las tres categorías –asesino organizado, desorganizado y mixto–, la policía analiza en profundidad las llamadas *cuatro fases del crimen*. La primera es la etapa que precede al crimen, donde entran los antecedentes del agresor, sus fantasías, los pasos que siguió hasta llegar al momento del asesinato. La segunda comprende al crimen en sí mismo: selección de la víctima, empleo de la tortura o no, violación, *modus operandi*, firma… En la tercera se estudia el modo en el que el asesino intenta o no ocultar el cadáver. Y en la cuarta, lo que más interesa es analizar el comportamiento posterior al acto. Según como actúe el criminal en cada una de estas fases, le corresponderá una categoría concreta.

Personalmente creo que esta división en cuatro fases es suficiente en sí misma, pero el celo profesional de algunos investigadores ha motivado su alargamiento. Es el caso del doctor Joel Norris, criminólogo y experto en asesinos seriales, que habla de siete fases en este proceso homicida:

- *Fase áurea:* el sujeto está siendo dominado por sus fantasías. Aún no ha realizado actos importantes para materializarlas, pero en su mente ya han germinado las imágenes de muerte. Externamente sigue aparentando normalidad.
- *Fase de pesca:* comienza a frecuentar los lugares donde se encuentran sus víctimas potenciales.

- *Fase de seducción:* decidido a materializar su fantasía, entra en contacto con la víctima desplegando sus encantos personales.

- *Fase de captura:* la víctima ya ha sido atrapada y el agresor disfruta con su sufrimiento. Es el momento tan ansiado, anterior al asesinato.

- *Fase del asesinato:* el agresor mata a la víctima.

- *Fase fetichista:* el asesino comprueba que la muerte de la víctima no se corresponde con lo esperado y se lleva un objeto o parte del cuerpo para rememorar el crimen en la intimidad y alargar el placer obtenido.

- *Fase depresiva:* cometido el crimen, su autor abandona la escena del asesinato y piensa sobre lo acontecido, por qué no ha obtenido la gratificación soñada. Se interesa o no por lo que digan los medios de comunicación y comienza a planear el siguiente objetivo.

Como se ve, el doctor Joel Norris no aporta nada significativamente novedoso, aunque sí ofrece una idea más cercana del proceso homicida y se centra en aspectos no mencionados hasta ahora que no me gustaría pasar por alto.

El primero y más llamativo es la necesidad que algunos sienten por llevarse objetos o partes del cuerpo de sus víctimas, como en el caso recién mencionado de Gerard John Schaefer. Se trata de una actitud relacionada con los asesinos organizados y ampliamente estudiada por el FBI.

Fue Robert Ressler quien comenzó a hablar de estos objetos como *trofeos*, ya que eso parecen significar para el agresor que se los lleva a su casa o los guarda en el coche o en cualquier lugar donde él considere que estarán a salvo. Lo que pretende con ellos es rememorar el crimen cometido. A través de la visión o el tacto del «trofeo», el asesino recuerda cómo fue el asesinato, cómo sufrió la víctima, si se resistió... Esa rememoración le produce un placer tan intenso que en ocasiones es capaz de llegar al orgasmo. A veces goza más en estos instantes que durante el asesinato en sí mismo.

Los trofeos pueden ser de toda índole: una joya, una prenda de vestir, unas gafas, una parte del cuerpo de la víctima... Pero siempre objetos muy personales y de especial significado para el asesino, como sucedió con Volker Eckert, un camionero alemán detenido por la muerte de varias prostitutas en España y Francia. Cuando se inspeccionó el interior de la cabina del camión se descubrieron fotografías de las víctimas y mechones de sus pelos guardados en una caja, con los que, según sus palabras, revivía el momento de los crímenes.

A veces lo que se llevan no es una parte del cuerpo, sino el cuerpo entero. Ted Bundy guardó el cadáver de una de sus víctimas varios días en su apartamento. Lo trasladaba del armario a la cama y viceversa, lo maquillaba, le lavaba el pelo y lo vestía. Al final, cuando la putrefacción era ya muy avanzada, optó por envolverlo apelotonado y llevarlo en su coche acomodado en uno de los asientos durante varias horas de la madrugada.

Esta búsqueda de rememoración del crimen y alargamiento del placer explica también por qué algunos criminales regresan a la escena del crimen una vez ya ha sido acordonada por la policía. Hasta que Robert Ressler no comenzó con su PIPC, los psiquiatras y profesionales de la salud mental creían que esta actitud se correspondía con un sentimiento de culpabilidad. Nada más lejos de la realidad. Ya hemos dicho que si algo caracteriza a los psicópatas es precisamente su ausencia de remordimientos y de empatía hacia las víctimas. David Berkowitz, *el Hijo de Sam*, regresaba a los lugares donde había matado cuando no encontraba una víctima propiciatoria a la que asesinar. Estas visitas eran su sucedáneo para esas noches de fracaso. También acudía regularmente a los cementerios donde estaban enterradas y podía pasar horas buscando sus tumbas.

Robert Ressler equipara esta conducta con la de los adolescentes que rondan la casa de algunas chicas durante horas montados en bicicleta o en sus coches, aunque señalando que en el caso de los asesinos seriales esta conducta normal de los adolescentes en ellos «se ha tornado en anómala».

Una vez el agresor ha cometido el crimen llega el momento de abandonar la escena. Es un instante delicado, porque según como quede ésta la policía lo tendrá más o menos fácil para seguir su pista. Estadísticamente los asesinos organizados tienden a ocultar el cuerpo y a limpiar la escena de toda posible huella. Es lo que se conoce como *conciencia forense*. El grado de exigencia que alcancen en esa limpieza dependerá mucho de los conocimientos en técnicas policiales que posea el asesino, del tiempo disponible, de su grado de temeridad…

En los años setenta dos niños aparecieron asesinados en un intervalo de varias semanas en los alrededores de una base militar norteamericana. Sus cuerpos aparecieron atados y el segundo de ellos presentaba mutilaciones en varias extremidades. Uno de los detectives encargados del caso sospechaba además que el asesino había mordido en un arrebato sexual los cuerpos por las extrañas heridas que presentaban los cadáveres y porque era habitual en delitos de esas características, pero no pudieron extraer ninguna huella ya que el criminal cortaba la carne donde presumiblemente debían estar sus huellas dentales. Cuando se detuvo al autor –un soldado de la base militar– se supo con certeza que efectivamente rebanaba con un cuchillo la carne de los pobres muchachos tras morderles, sabedor de que el FBI podría dar con él si analizaban el historial dental del personal de la base.

Al repasar historias como esta siempre me pregunto si los periodistas hacemos lo correcto al desvelar las técnicas de investigación criminal para vender más libros u obtener audiencia en la televisión, porque es incuestionable que restamos ventaja a los policías frente a los criminales, al poner a estos últimos sobre aviso. La misma pregunta se la formulaba a finales del siglo XIX el detective de la Policía Metropolitana Frederick Abberline, encargado de la investigación en los crímenes de *Jack el Destripador*.

En un plano opuesto a quienes limpian sus huellas para no ser detenidos, nos encontramos con quienes manipulan el escenario del crimen buscando la conmoción en los investigadores. El FBI habla de *disposed scenery*, traducido como *escenario preparado*. El nombre no puede ser más acertado porque eso es pre-

Albert DeSalvo, *el Estrangulador de Boston*. Fue un sádico
que gustaba de asesinar en sus domicilios a mujeres
de todas las edades. A la derecha aparece hablando por
teléfono desde la prisión.

cisamente una puesta en escena urdida por el asesino
siguiendo un extraño y oscuro sentido del humor.
«Tenía las piernas abiertas casi metro y medio de
talón a talón –escribió el agente de policía que encontró el cadáver de Ida Irga, una mujer de 75 años de
edad y víctima de Albert DeSalvo, *el Estrangulador de
Bostón*–, y los pies descansaban sobre sendas sillas, y
tenía una almohada corriente, sin la funda, colocada
debajo de las posaderas, ofreciendo a la vista esa paro-
dia grotesca de la postura obstétrica.» Este mismo asesino colocaría al cadáver de otra víctima suya arrodillado,
con la cabeza contra el suelo de la bañera, la bata y el cin-
turón subidos por encima de la cintura y la ropa interior
sujetándole los tobillos.

En otro caso aún más espectacular, el del *Asesino de Río Verde*, una de las víctimas aparecería con un pez colocado encima de su cuello y otro en su pecho izquierdo, además de con una botella entre sus piernas, medio introducida en la vagina.

Quienes observan estas escenas reciben una fuerte impresión psicológica. Los protocolos policiales aconsejan dejar los sentimientos a un lado en los casos criminales para lograr que las escenas afecten lo mínimo posible a la investigación y al investigador. Pero estamos hablando de seres humanos y los sentimientos no son tan fáciles de arrinconar. Esto lo saben bien los asesinos seriales y por ello preparan escenas como las descritas.

Teniendo en cuenta lo leído hasta ahora quizá no haga falta realizar este comentario, pero siempre que hablemos de asesinos seriales nos encontraremos con detalles, pensamientos y actitudes suyas que nos parecerán carentes de sentido. Y puede que así sea, pero en sus mentes sí la tienen. Un ejemplo. El 23 de noviembre de 1963, Albert DeSalvo tenía ya a sus espaldas 10 asesinatos y ese día estaba dispuesto a cometer uno más. Sin embargo, el reciente asesinato del presidente norteamericano Kennedy le hizo preguntarse si sería correcto matar a alguien. Finalmente decidió que sí y Joan Graff, de 23 años de edad y diseñadora industrial, se convirtió en su duodécima víctima.

¿A quién de nosotros nos parece lógico que alguien que ha matado sin compasión a 11 mujeres, de repente decida abstenerse de hacerlo el 23 de noviembre de 1963 por respeto al presidente Kennedy? Seguramente a nadie, pero a DeSalvo sí. Por ello, y por mucho que nos cueste, si lo que deseamos es atrapar a estos asesinos no podemos mirar el mundo con nuestros ojos, sino intentar verlo con los suyos.

EL CARNICERO DE MILWAUKEE

Los casos de asesinatos seriales estudiados hasta este año han revelado que se trata de un fenómeno casi exclusivamente urbano. Los pueblos parecen salirse de esta casuística, aunque esto se debe a un factor social más que ambiental, ya que en el pasado, cuando las ciudades carecían del tamaño actual, había presencia de numerosos asesinos seriales en pueblos y aldeas.

Para explicar el cambio hay que entender que esta gente son hijos de su tiempo. Los cambios políticos, económicos, sociales… también les afectan a ellos. Como curiosidad, las estadísticas reflejan que durante la Segunda Guerra Mundial el número de víctimas por asesinos seriales en Estados Unidos fue el más bajo de todo el siglo XX. La explicación es fácil de entrever. Como varios cientos de miles de compatriotas suyos en aquellos años, estos asesinos seriales fueron llamados a filas para la guerra en Europa o en el Pacífico sin conocer su condición criminal, librando a las ciudades y pueblos norteamericanos de su presencia. Eso o que el celo policial bajó en el país, más preocupado por otras cuestiones.

Sea como fuere, el problema se ha trasladado actualmente a las ciudades, donde viven un mayor número de víctimas potenciales y el asesino puede salvaguardar mucho mejor su anonimato. Esto no quiere decir que quienes vivan en pequeñas localidades estén a salvo, ya que los asesinos seriales, sobretodo los organizados, gustan de desplazarse.

Para estudiar cómo se producía esta movilidad, el ex policía canadiense Kim Rossmo, actual director de investigación de la Fundación de la Policía en Washington D.C., propuso una clasificación muy original.

ASESINOS EN SERIE SEGÚN SU MOVILIDAD	
Cazadores	Poseen una base fija desde la que planean los asesinatos y se desplazan para cometerlos buscando una víctima propiciatoria.
Tramperos	Montan trampas para atraer a sus presas hasta que consiguen hacerse con una de ellas.
Merodeadores	Se desplazan por una zona más o menos amplia siguiendo a una víctima hasta que aprovechan la mejor oportunidad que se les presenta para atacarla.
Pescadores	Atacan a una víctima aprovechando una circunstancia no buscada por estar en ese instante realizando otras actividades.

La clasificación llegó en los años ochenta y supuso una nueva vía de investigación con importantes resultados. Pero como no podía ser de otro modo, no todas las tesis de Rossmo se han mostrado acertadas. Las mayores críticas le han llegado al asegurar que los asesinos seriales tienden a no delinquir cerca de sus domicilios, para evitar dejar pruebas comprometedoras. A ese espacio él lo llama *zona neutra*. Por el momento las estadísticas señalan que esa *zona neutra* sólo está presente en los criminales más cuidadosos, un porcentaje tan nimio como para no tenerla en cuenta en la mayoría de las investigaciones. Y aún teniéndola, ¿qué tamaño debe otorgársele? ¿Es siempre el mismo? ¿En qué elementos hay que basarse para medirla? Son algunas de las cuestiones que aguardan respuesta.

Y es que cada caso parece enseñarnos algo nuevo y relativizar algunas ideas que se daban por inamovibles. Una de estas indicaba que los asesinos seriales escogían a sus víctimas siempre entre personas de su misma raza, como había sucedido con Ted Bundy, que sólo mataba a mujeres blancas, o Wayne Williams, un pinchadiscos negro de Atlanta que asesinó a niños negros. Pero vuelvo a repetir, estas personas son hijos de su tiempo y aunque la tónica continúe siendo la esgrimida hasta ahora, la tendencia vira hacia víctimas multirraciales. Quizá sea un proceso lento, pero creciente debido a la movilidad de las personas y el aumento de la inmigración, también dependiente de la nación en la que nos encontremos y del grado de integración racial en su sociedad.

El máximo problema que tiene dar credibilidad ciega a las estadísticas reside en que, si lo hacemos, la investigación puede desviarse hacia caminos erróneos, agrandando el cerco al criminal en lugar de estrecharlo. Esto lo aprendieron bien los investigadores que participaron en la persecución de los francotiradores en Washington.

Todo comenzó el miércoles 2 de octubre de 2002, cuando a las 18.04 de la tarde James D. Martin, de 55 años de edad, caía muerto en el aparcamiento de una tienda de comestibles abatido por una bala. Los testigos relatarán a la policía no haber observado a nadie armado en las proximidades, sólo al hombre derrumbándose ya sin vida. Como únicamente había pasado un año desde los atentados del 11 de septiembre y no se tenía ninguna descripción del agresor, una de las primeras hipótesis barajadas hablaba de una posible acción terrorista. Las dudas se disiparían rápidamente. Tanto como a las 7.41 de la mañana del día siguiente. Ese fue el momento en el que James L. Buchanan moría víctima de un disparo, recibido mientras cortaba el césped en un concesionario de coches dentro del estado de Maryland.

Los investigadores relacionan ambas muertes y encuentran puntos comunes. Las dos víctimas murieron de un disparo, ambas lo hicieron mientras realizaban tareas cotidianas y, lo más importante, en ningún caso hubo presencia de un agresor visible. Así fue cómo la policía comenzó a sospechar de la presencia de un francotirador itinerante. Pero, ¿quién era y desde dónde disparaba?

Sin tiempo a cotejar más datos las muertes continuaron durante esa jornada del 3 de octubre. A las 8.12 el francotirador mataba de otro disparo al taxista de 54 años Prem Kuma Walekar, aprovechando que este llenaba de gasolina su coche; a las 8.37 era Sarah Ramos quien recibía un nuevo balazo y apenas una hora después moría Lori Ann Lewis-River. Una bala

Los francotiradores de Washington, John Allan Muhammad y John Lee Malvo. Su actuación puso en entredicho las clasificaciones del FBI sobre los asesinos seriales.

le alcanzó en el momento en el que pasaba el aspirador a su coche estacionado en una gasolinera.

Los medios de comunicación se hicieron eco desde el mismo inicio de estos hechos, hablando de un asesino en serie itinerante. El caso despertaba numerosas interrogantes porque las víctimas pertenecían a clases sociales diferentes, se mataba a ambos sexos por igual y entre los fallecidos había blancos y negros. Las estadísticas y los datos aportados por el FBI sobre asesinos en serie no estaban sirviendo de mucho. Las rígidas clasificaciones elaboradas durante años de investigación apuntaban a la persecución de un hombre blanco, cuando realmente los asesinos eran dos y de raza negra, como más tarde se constataría. Incluso en puridad este caso no pertenecía al mundo de los asesinos seriales, sino

93

al de los *spree killer*, criminales que matan esporádicamente y en un brevísimo período de tiempo. Por si acaso hubiera alguna duda, antes de que acabara el día, a las 21.15 de la noche, Pascal Charlot caía abatido mortalmente en una calle de Washington.

De la investigación se ocupó el jefe de policía del condado de Montgomery, Charles Moose, quien en aquellas primeras jornadas debió de sentirse abrumado por la velocidad con la que se sucedían las agresiones y los pocos datos que se iban recopilando. Al tiempo, las televisiones estatales llamaban a expertos criminales y perfiladores del FBI para que aportaran claridad a los espectadores sobre las muertes. El resultado fue un circo mediático muy criticado por especialistas como Robert Ressler. «Lo sucedido en el caso del francotirador no tuvo nada que ver con los perfiles: los medios de comunicación sacaron a un montón de payasos», declararía al final de los acontecimientos al periódico *Daily Iowa*.

El viernes 4 de octubre tuvo lugar otro ataque, pero esta vez con el resultado de un herido grave, lo mismo que el día 7. No tuvo tanta suerte Dean Harold Meyers, alcanzado por otro disparo el miércoles 9 de octubre, después de repostar gasolina en una estación de Manassas, Virginia.

Desde este 9 de octubre y hasta el 22 del mismo mes, día en el que murió el conductor de autobuses Conrad Johnson de un disparo, aún habría cuatro ataques más. Fue entonces cuando los agentes de homicidios encargados del caso recibieron la descripción de una furgoneta blanca, a la que numerosos testigos situaban en la escena de algunos crímenes. Ahí se encontraba la solución al enigma del emplazamiento. Era obvio que el asesino viajaba en algún tipo de vehículo, pero hasta ese instante se desconocía de qué tipo se trataba y, algo muy significativo, si el francotirador lo utilizaba únicamente para acudir y huir de las escenas o también para disparar desde él.

Todas las dudas se disiparon el día 24 de octubre. La llamada de una mujer llamada Whitney Donahue alertó a la policía sobre la presencia de una furgoneta, semejante a la descrita por los informativos, parada en una zona de descanso de Maryland. Tras varias horas desde la llamada, el vehículo fue finalmente rodeado por agentes uniformados que detuvieron a sus ocupantes, dos hombres de raza negra conocidos como John Allan Muhammad y John Lee Malvo, este último de 17 años de edad.

Pese a la rapidez en la detención el alto número de víctimas desató las críticas de la prensa nacional, que se preguntaba si la policía no podía haber hecho algo más para detener aquella sangría en los primeros días. A nadie se le escapaba los palos de ciego que dominaron la actuación policial casi hasta el final y que la detención se produjese por la delación de un testigo y no como resultado de una investigación. El gran fallo fue ceñirse a las clasificaciones aportadas por el FBI y no manejar otras variables.

Por supuesto, este tipo de críticas son muy fáciles de realizar a toro pasado, pero no tanto cuando el tiempo es escaso, el número de víctimas crece sin remedio, la presión social y política aumenta y se carece de pistas o sospechosos sobre los que trabajar. Por ello las fuerzas de seguridad merecen todo mi respeto, siempre que actúen diligentemente, que suele ser la inmensa mayoría de las veces.

Me gustaría finalizar este capítulo hablando precisamente de cómo terminan las investigaciones sobre asesinos seriales. Aquí mi sentimiento es agridulce. Dulce porque, excepto en contadísimos supuestos, siempre hay una detención; y agria porque cuando repasamos algunos casos nos encontramos con que la policía tuvo numerosas oportunidades de detener al agresor sin hacerlo. Recordemos que Andrei Chikatilo fue interrogado en comisaría años antes de su detención definitiva, que Ted Bundy llegó a ser detenido y exculpado de los asesinatos que años más tarde le llevarían a la pena de muerte... En ambos casos la puesta en libertad les permitió seguir matando.

La historia más llamativa en este sentido quizá sea la de Jeffrey Dahmer, *el Carnicero de Milwaukee*. Su relato ha sido reproducido en infinidad de libros por los componentes altamente crueles que atesora. Porque Dahmer representa como pocos la brutalidad, la ausencia de sentimientos y la frialdad que caracterizan a los asesinos seriales.

Nada hay destacable en la infancia de Jeffrey Dahmer, excepto el cambio brusco que sufre su personalidad cuando a los seis años de edad se le opera de una hernia. Según sus progenitores, desde ese instante la sonrisa del niño desaparece y su carácter se torna introvertido. Ellos lo achacarán a los dolores padecidos, pero enseguida se observa que existe algo más profundo. En la escuela Dahmer no se relaciona con nadie, en casa vive en silencio y pronto comienza a maltratar al gato familiar,

Jeffrey Dahmer, asesino prolífico apodado
El carnicero de Milwaukee.

encerrándolo en su cuarto durante días sin alimentarlo y
soltándolo más tarde para ver cómo se pelea con la otra
mascota de la casa, un cachorro de perro al que le arranca los ojos con sus uñas. El niño recibe cariño familiar,
pero la situación se descontrola por instantes.

Cuando alcanza los 14 años de edad sus fantasías versan sobre mutilaciones y sexo con cadáveres. Por supuesto, esto se sabrá cuando se le interroga en la cárcel, ya que en esos instantes nadie sabe lo que pasa por su mente.

El primer asesinato es muy prematuro, en el invierno de 1978. Dahmer tiene 18 años y en una carretera recoge a un joven al que lleva a casa de sus padres. Allí mantienen relaciones sexuales y cuando el desconocido expresa su deseo de marcharse, Dahmer lo estrangula. Luego descuartiza el cuerpo y lo entierra en un bosque cercano. Este primer crimen expresa perfectamente el motivo de su ansia homicida. Dahmer no quiere que se le abandone. Desea tener un compañero sexual que le dé placer siempre que él lo desee y para lograrlo es capaz de realizar cualquier cosa.

El siguiente año es de cambios. Sus padres se divorcian, él se da a la bebida, se alista en el Ejército pero este le expulsa rápidamente por alcoholismo y se marcha a vivir con su abuela. La policía le detiene por embriaguez y exhibicionismo, nada serio, y le pone en libertad. Entonces llega la segunda víctima. En un bar de ambiente homosexual conoce a un chico con el que alquila una habitación en un motel. Cuando se despierta a la mañana siguiente el joven está muerto en la cama y Dahmer con la boca llena de sangre. Esta parte de su declaración debemos tomarla con reticencias, al igual que otros muchos aspectos de su relato. Como hemos dicho los asesinos seriales tienden a desviar su culpabilidad. Aducen desconocimiento sobre los crímenes que se les imputan o que no recuerdan haberlos cometido. En este sentido, que Dahmer diga que se despertó con la boca llena de sangre demuestra que él no asume la autoría del asesinato, que la achaca a una parte de su personalidad que no puede controlar y que en esos instantes anula su raciocinio. Como si el criminal fuese su otro yo totalmente desconocido. Pero no es cierto. Aquí no existen dobles personalidades, sólo una.

En lugar de avisar a la policía, se lleva el cuerpo al sótano de su abuela para seguir manteniendo relaciones sexuales con él. Luego lo descuartiza y tira los pedazos a la basura.

La lista de víctimas de Dahmer es larga, 17 hombres de diversas edades hasta 1991. El *modus operandi* consiste en llevarlos a su casa –en 1988 se ha mudado a Milwaukee para actuar sin ingerencias familiares– con la promesa de fotografiarlos. Allí los droga y estrangula. La mayoría de las veces come parte de sus cuerpos y bebe su sangre. Guarda los cadáveres durante días para seguir copulando con ellos y fotografía todo el proceso. Cuando ya no pueden ser usados los disuelve en ácido, tira las partes blandas al retrete y entierra los huesos y los pedazos más grandes en el jardín.

Pero al tiempo esta actitud le cansa. Dahmer desea un compañero sentimental vivo y totalmente complaciente. Sabe que no lo va a encontrar y no tiene reparos en taladrar el cráneo de sus víctimas aún vivas para verter ácido en el cerebro y anular su voluntad. Todas mueren irremediablemente.

La pesadilla finaliza el 23 de julio de 1991. Dahmer ha contactado con Tracy Edwards. Le invita a su apartamento y cuando intenta clavarle un cuchillo, este se retuerce y logra huir. En la calle relata lo sucedido a un policía que inmediatamente detiene a Dahmer. Cuando se inspecciona su domicilio se encuentran 11 cadáveres descuartizados, 3 cabezas en la nevera, 4 esqueletos colgados y varias calaveras perfectamente limpias y pulidas decorando los muebles del salón. En la bañera aguardaban 3 torsos a ser disueltos en ácido y numerosas cajas con miembros humanos.

Lo más trágico es que muchas de estas víctimas podían haberse salvado si la policía hubiese actuado con mayor diligencia. En 1988, por ejemplo, un joven laosiano logró escapar de su apartamento. Dahmer fue condenado por agresión sexual en segundo grado, pero puesto en libertad bajo fianza a espera de que se ejecutase la condena. Entonces cometió otro asesinato. Cuando se dictó la condena, sólo se le impuso un año de prisión en régimen semiabierto y la obligación de asistir a un cursillo sobre alcoholismo.

La policía ya investigaba varias desapariciones de jóvenes en la zona de donde escapó el laosiano, pero nadie fue capaz de relacionar estos episodios entre sí. Tampoco se hizo caso al propio padre de Dahmer, que protestó por el fin de la condena hacia su hijo antes de lograr su rehabilitación.

El 8 de julio de 1990 otra víctima logró escapar de las garras de Dahmer, pero incomprensiblemente la policía no quiso iniciar una investigación sobre alguien que almacenaba numerosos antecedentes por violencia, exhibicionismo y agresión sexual.

Un año más tarde, en 1991, el azar hizo que Dahmer secuestrara en un centro comercial a otro laosiano, hermano menor del que lograra huir de su casa en 1988. El joven fue violado en la casa de Dahmer antes de que lograse huir y saliese desnudo al vecindario. Por increíble que parezca, los policías y bomberos que acudieron a socorrer al muchacho se convencieron con las excusas dadas por Dahmer, asegurando que el laosiano era su amante y que gritaba por embriaguez. Los agentes llegaron a entrar en la casa de Dahmer y, aunque percibieron el hedor que la impregnaba, se marcharon dejando al joven con su víctima. Minutos después era estrangulado.

Increíble, ¿verdad? Como compensación debemos pensar que el paso del tiempo siempre juega en contra del asesino serial. Muchos llegan a creer que no serán atrapados jamás, especialmente si la policía no ha sido capaz de encontrar las pistas que por voluntad o imprudencia han ido dejando en las escenas de los crímenes. Esto incrementa su autoestima y la sensación de invulnerabilidad. Una actitud que será su perdición, porque poco a poco irán volviéndose más descuidados, hasta que un fallo grave permite su detención.

En otras ocasiones, y contra la creencia popular, es el propio criminal el que deja de matar. ¿Por qué? El doctor Garrido sostiene dos tesis muy interesantes y que no son excluyentes entre sí. Una es la que se centra en el llamado *punto de saturación*, alcanzado cuando el asesino ya no puede matar más. Esto puede ocurrir porque el criminal percibe que, de proseguir, será detenido o porque es consciente de estar introduciéndose en una vorágine de sangre capaz de anular su raciocinio. Obsérvese que en ningún caso se habla de remordimientos o lástima hacia las víctimas. Pocos ejemplos hay tan claros para explicar este punto como el de *Jack el Destripador*.

Nos encontramos en 1888, en el barrio londinense de Whitechapel, el área más pobre y degradada de la ciudad. En sus callejuelas, plagadas de prostíbulos, cantinas y sótanos oscuros, malviven cerca de un millón de personas, casi todas pertenecientes a la clase más baja de la sociedad: prostitutas, mercaderes, ladrones, marineros...

Pese a ello no es raro encontrarse a hombres adinerados buscando sexo barato en las callejuelas. Los periódicos de la época están plagados de denuncias sobre prostitutas que ofrecen sus servicios sin ningún pudor a la luz del día y ante la mirada de niños y ancianos. Las autoridades consienten estas actitudes porque las prostitutas de ese tiempo son consideradas poco menos que enfermas y cuando alguna aparece muerta ni siquiera se inicia una investigación formal para aclarar la defunción. Los acontecimientos les obligarán a hacerlo.

El 7 de agosto aparece el cadáver de una mujer tirado en el suelo entre los edificios George Yard. Los policías que lo encuentran lo trasladan rápidamente a la morgue donde el doctor T. R. Killen procede a su examen. Hay que decir que nos encontramos en una época donde las ciencias forenses recién comenzaban a andar, por lo que aquellas autopsias eran del todo rudimentarias desde el punto de vista criminalístico. El doctor observa que el cuerpo ha sido apuñalado en diversas zonas y que no ha habido signos de violación, aunque el asesino sí ha rasgado los genitales de la mujer, a la que por las iniciales en sus vestidos se identifica como Martha Tabran, prostituta bastante conocida en la zona. Los periódicos apenas se hacen eco de la noticia y el recién creado Scotland Yard no se interesa mucho por la investigación.

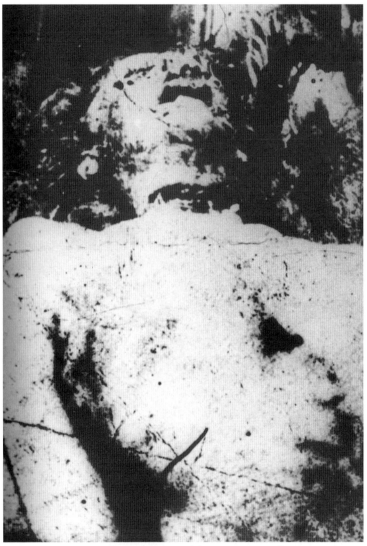

Cuerpo de Catherine Eddows, cuarta víctima
de *Jack el Destripador.*

Viñeta publicada en un diario londinense relatando
los primeros pasos de la policía en la investigación
de los crímenes del *Destripador*.

El 29 de agosto, a las 3.45 de la madrugada, el mozo de mercado George Cross se topa con el cadáver de otra mujer camino al trabajo. Su nombre es Mary Ann Nichols y, como en el caso de Martha Tabran, también es prostituta. Las alarmas saltan. El forense que examina el cuerpo observa un profundo corte en el cuello y varios en el abdomen que han dejado los intestinos a la vista.

Todo indica que el asesino es el mismo y, ahora sí, Scotland Yard despliega hombres por el barrio para dar con el asesino. Mientras, la Policía Metropolitana encarga la investigación a su hombre más condecorado, el inspector Abberline. Los esfuerzos no dan fruto alguno y el 7 de septiembre, a las 5.55 de la mañana, un tercer cuerpo rompe la aparente tranquilidad del amanecer. Como habrán adivinado se trata de otra prostituta. En siguientes capítulos hablaremos de la fijación de los asesinos seriales por un tipo muy concreto de víctimas y el porqué de esa elección. De momento detengámonos en Annie Chapman, que es como se llama esta mujer asesinada.

El cuerpo aparece tirado en el suelo, con las piernas dobladas y apoyadas en el suelo, las rodillas cayendo hacia los costados y la falda subida a la altura de los muslos. Recordemos que en esa época las faldas llegaban hasta los tobillos, por lo que esta visión se calificaba entonces de obscena. Seguramente el asesino preparó la escena.

Quienes han seguido los crímenes se percatan de un detalle importante que se entronca con lo que deseo destacar de este caso: esa vorágine de sangre en la que entran algunos asesinos seriales y que es capaz de llevarles a perder el raciocinio. Lo que perciben es una progresión en la crueldad desplegada. Martha Tabran apareció con cortes en su cuerpo, Mary Ann Nichols con los intestinos a la vista, pero en su sitio, y ahora Annie Chapman los tiene fuera del vientre y colocados encima de su hombro izquierdo.

En la madrugada del 30 de septiembre, otra vez de madrugada, dos cadáveres más hacen resonar los silbatos de la policía. Son los de Elizabeth Stride y Catherine Eddows. El asesino las ha matado en un intervalo de media hora, seguramente porque algo le sorprendió antes de mutilar el cuerpo de Elizabeth Stride, que sólo presenta un profundo corte en su cuello. El de Catherine Eddows, por el contrario, se encuentra completamente destripado. Quedaba patente que el criminal se ve cada vez más seguro y que en cada nuevo asesinato su vorágine sangrienta aumenta.

A estas alturas la policía no sabe qué hacer. La población indignada pide la cabeza del ministro de Interior y Scotland Yard sufre uno de los mayores desprestigios de su historia. Afortunadamente para ella, *Jack*, al que los periódicos apodan *el Destripador* por una carta firmada con ese sobrenombre y enviada presumiblemente por el asesino a un periódico, deja su última muerte el 9 de noviembre en el interior de un cuartucho en Dorset Street. La víctima es Mary Kelly, una joven que también trabaja como prostituta y cuyo cuerpo ha sido salvajemente mutilado. Los intestinos se han colocado encima del aparador junto a los riñones, los párpados han sido rajados, así como uno de los muslos, que deja el fémur derecho a la

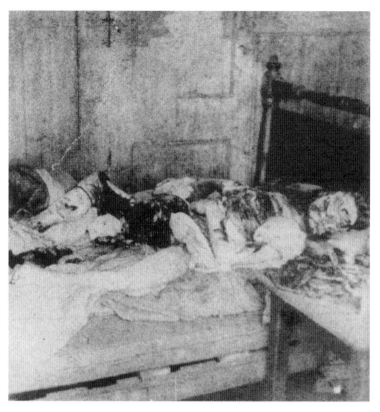

Fotografía en la escena del crimen de la última víctima de *Jack el Destripador*, Mary Kelly. Se trata de una joya gráfica, ya que Scotland Yard no solía realizar fotografías durante sus investigaciones criminales.

vista. El corazón ha desaparecido y el bazo y la vagina están esparcidos por el suelo.

Bien, tras este crimen no volvieron a sucederse más. Si seguimos la tesis expuesta por el doctor Garrido, deberíamos achacarlo a que *Jack* alcanzó un punto de saturación en sus crímenes que le obligó a parar, razón por la que jamás se descubrió la verdadera identidad de *el Destripador*. Es muy factible. Yo pienso igual y también otros expertos como Robert Ressler, apuntando la posibilidad de que *Jack* fuese internado en un hospital psiquiátrico por algún motivo ajeno a los crímenes, con lo que su identidad quedaba protegida de toda investigación policial.

La segunda tesis expuesta por el profesor Garrido para explicar por qué algunos asesinos seriales dejan de matar tiene mucho que ver con el miedo a ser detenidos y se centra en la llamada guarida del criminal o en el entorno que le ofrece esa protección imprescindible para continuar con sus actividades sin ser descubierto. Cuando ese entorno se pone en peligro, por ejemplo con la presencia de más policías en la zona o el inicio de un seguimiento a sus actos cotidianos, es muy probable que el asesino desista de sus actividades, esperando mejores tiempos.

3

LAS ASESINAS SERIALES

Matar no es cuestión de sexo, ¿o sí?

Aileen Wuornos, calificada como la primera depredadora asesina en serie y hoy famosa mundialmente gracias a la actriz Charlize Theron y la película que refleja su historia, *Monster* (Patty Jenkins, 2003), nació en febrero de 1956 en Rochester, Michigan. Su familia es lo que hoy llamaríamos desestructurada, con Aileen, su hermano Keith y sus tres tíos criados por los abuelos maternos a los que ella siempre creyó sus padres. Su auténtico progenitor era un criminal muy violento que abandonó a la madre de Aileen antes de que esta naciese. Condenado a cadena perpetua por haber golpeado y violado a una niña, aparecería años después colgado de su celda.

La infancia de Aileen no puede calificarse de feliz, con un abuelo que descargaba su ira sobre ella, pegándola e insultándola continuamente. «Nunca debería haber nacido. No valía ni el aire que respiraba», respondería a los periodistas y policías en interrogatorios posteriores. Por si fuera poco, la abuela, alcohólica, se

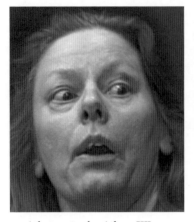

A la izquierda, Aileen Wuornos en prisión. Fue calificada como la primera depredadora serial de la historia. A la derecha, la actriz Charlize Therón caracterizada como la asesina en la película *Monster*.

suicidó cuando Aileen tenía 15 años de edad, desapareciendo de su vida la única mujer con la que podía sentir cierto arraigo.

En la escuela Aileen era una niña problemática. No se esforzaba en los estudios y participaba en numerosas peleas que muchas veces comenzaba ella por puros ataques de agresividad. Sus compañeros no la apreciaban ni respetaban y algunos asegurarían que tampoco ella a sí misma. Desde muy chica comenzó a acostarse con chicos a cambio de cigarrillos y a los 15 años tuvo a su primer niño, que dio en adopción.

Viendo en el sexo una salida a sus problemas económicos y afectivos se dedicó a la prostitución. En el fondo Aileen era una persona necesitada de amor y estabilidad, como todos nosotros, y a los 20 años se casó con un hombre 50 años mayor que sólo le pedía compañía y afecto. Aileen no supo mantener el trato y durante el mes que estuvieron casados ella le fue infiel y fue muy cruel. Rememorando las palizas que le propinaba su abuelo, ella golpeaba a su marido con el bastón que el hombre usaba para caminar.

Con 32 años de edad Aileen Wuornos ha pasado tres en la cárcel por numerosas denuncias de hurto, estafa, violencia y prostitución. Es 1985 y en su vida aparece Tyria Moore, con la que inicia una relación sentimental que se alargará por cuatro años y en la que destacarán las peleas entre ambas, el consumo excesivo de alcohol y drogas, las noches de exceso y los asesinatos. La primera víctima es Richard Mallory, dueño de una tienda de reparación de electrodomésticos al que dispara a sangre fría. A su muerte le seguirán cinco más, siempre con el mismo *modus operandi*.

Aileen hace autostop en las carreteras y sólo se sube cuando se detiene un coche conducido por un único varón. Su aspecto la delata y ante las preguntas del conductor ella reconoce ser prostituta. Cuando el hombre acepta tener sexo por dinero y mientras se desviste, ella le quita sus pertenencias, sale del coche y desde la puerta del conductor le dispara hasta matarlo. Acto seguido se marcha con el dinero y los objetos de valor y abandona el coche con el cadáver en algún paraje semioculto.

Su cautela hace que durante cuatro años la policía no consiga detenerla, en parte porque nunca mantuvo sexo con ninguno de esos hombres. Pero finalmente es arrestada. En su descargo ella aseguró haberles matado en defensa propia, para evitar ser violada. Pero las

Aileen Wuornos cumpliendo condena.

escenas no dicen eso, tampoco su *modus operandi*. Más tarde cambiará esta declaración, asegurando haberlos matado por rechazar su ofrecimiento sexual a cambio de dinero. Tampoco esa nueva confesión parece ser cierta. Aileen muere en Florida, en octubre de 2002, después de serle administrada una inyección letal.

Si lo observamos detenidamente, el caso de Aileen Wuornos mantiene muchos paralelismos con otros ya descritos de asesinos seriales masculinos: la sangre fría de la asesina, su capacidad para engañar y mentir, la confección de una trampa para atraer a las víctimas... Pero también existen poderosas diferencias. La más importante, la ausencia del factor sexual en los crímenes.

Es por estas diferencias por las que se ha decidido crear un capítulo para hablar exclusivamente de las asesinas seriales.

Un reciente estudio publicado en octubre de 2009 en España, y basado en la población reclusa de nuestro país, indica que la proporción de mujeres delincuentes es de diez por cada cien hombres, demostrando que ellas delinquen menos, son menos violentas y reinciden menos que sus homólogos masculinos; y demostrando también cuán equivocado estaba el gran criminalista italiano Cesare Lombroso, cuando a finales del siglo XIX aseguraba que «educar y promover a las mujeres de sus características de domesticidad y maternidad que las mantienen como inocuas semicriminales, podría resultar un hecho desastroso para la humanidad».

Afortunadamente Lombroso falló en su vaticinio, pero aún siguen desconociéndose las causas precisas de esta menor incidencia criminal entre el sector femenino, aunque se barajan algunas explicaciones atendiendo a factores genéticos, psicológicos, fisiológicos o socioculturales.

Una de las personas que ha estudiado tal realidad es Raquel Bartolomé, profesora de Psicología del Centro de Investigación de Criminología de Albacete, quien asegura que mientras las niñas tienden hacia

113

objetivos relacionales y afectivos, los niños son algo más agresivos y con peores habilidades sociales. «Estas pequeñas diferencias de la infancia se van acentuando a medida que el individuo camina hacia la madurez», añade. Y concluye: «Las mujeres no son ni mejores ni peores, tienen estilos de conducta diferentes».

Pensamiento compartido por el afamado forense José Antonio García-Andrade, advirtiendo que «el acto criminal no se debe a un único factor, de igual forma que la testosterona no explica por sí sola la mayor criminalidad masculina». Sea como fuere, en casi todas las comparativas que se realicen entre mujeres y varones criminales, los segundos siempre ganan a las primeras. El campo de los asesinos seriales no es una excepción y las estadísticas revelan que por cada 15 criminales masculinos de este tipo, existe una asesina serial.

Las diferencias no acaban aquí. Otro estudio realizado en 1997 por el investigador Eric Hickey y que tomó como base a 34 asesinas seriales, dedujo que la media de edad de estas criminales se sitúa en los 33 años y que las víctimas preferentes son personas con poca capacidad de defensa, como ancianos y niños, o bien víctimas muy confiadas hacia ellas, como maridos o personas a su cuidado. Todo esto tiene su razón de ser y entronca nítidamente con la posición social que se ha otorgado tradicionalmente a la mujer, la de cuidadora del hogar y enfermera obligada de familiares y conocidos. De hecho, de esas 34 asesinas estudiadas, 6 eran enfermeras.

El que escojan a niños, ancianos y hombres confiados como víctimas predilectas tiene también mucho que ver con su menor fuerza física respecto a los hombres, lo

que les lleva a buscar víctimas más débiles en este sentido –niños y ancianos– y gente que no sospecharía de
ellas –maridos–, para poder matarlos sin que estos opon-
gan resistencia.

Un dato muy curioso de este estudio asegura también que la mitad de ellas contaron con un cómplice
masculino para cometer los asesinatos, a diferencia de los
asesinos seriales masculinos que prefieren actuar en solitario. Cuando el acompañamiento tiene lugar se produce una alteración sustancial. Las víctimas ya no son propias de la mujer, sino del hombre. Es decir, no es tanto el
hombre el que ayuda a matar sino a la inversa. Por ello
las víctimas ya no son niños, ancianos y maridos confiados, sino mujeres.

En Europa tenemos uno de los casos más estremece-
dores de pareja de asesinos serial. Fue la compuesta por el
matrimonio Frederick y Rosemary West, de Gloucester,
Inglaterra. Él fue acusado de matar a 10 mujeres de
diversas edades a lo largo de 20 años y ella de cómplice
en algunos de estos crímenes y de actuar en solitario en
al menos otros tres.

Los asesinatos eran cometidos en su casa y en ellos
siempre estuvo presente el sadismo como medio de
aumentar el placer sexual de la pareja. Lo más estremece-
dor era que algunas víctimas se escogían entre los familiares de la pareja, como la hijastra y la primera esposa de
Frederick o la primera hija de ambos. La pareja supo del
peligro que entrañaba asesinar a familiares tan allegados y
siempre eligió aquellos que viviesen relativamente lejos del
domicilio conyugal, por lo que durante años nunca entra-
ron en la lista de principales sospechosos. El resto de las

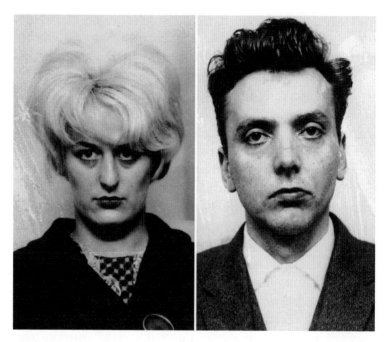

Myra Hindley, *la mujer más odiada de Inglaterra*, según los periódicos británicos. A la derecha, su marido Ian Brady. Juntos protagonizaron una historia plagada de asesinatos y sadismo que culminó con la detención de ambos horas después de perpetrar su último crimen.

víctimas eran autostopistas o mujeres procedentes de barrios marginales.

Los restos se enterraban en el jardín con sumo cuidado.

No es un caso único, la historia también nos ha proporcionado las historias de Charles Starkweather y Caril Fugate, la de Charlene y Gerald Gallego o la de Myra Hindley e Ian Brady. Todas brutales y muy prolíficas en el número de víctimas.

Centrándonos en esta última por su especial interés, Ian Brady tenía 23 años cuando conoció a Myra, una secretaria cinco años menor, con la que inició una relación sentimental que en un principio no destacaba por nada anormal. Pero lo era. Ella, joven y amante de los animales y de los niños, quedó cautivada por el poder que Ian ejercía sobre su persona, convirtiéndose en una seguidora sumisa y fiel, hasta el punto de abandonar a su familia. Este detalle es muy común en las parejas de asesinos seriales y también está presente en la historia de Charles Starkweather y Caril Fugate, como ya se ha visto.

En 1963 Ian convence a Myra sobre la necesidad de cometer el crimen perfecto para demostrar su superioridad intelectual sobre el resto de la gente. Ella asiente y el 12 de julio recoge a una autostopista en su furgoneta. Ian va en una moto detrás del vehículo. La desconocida es Pauline, de 16 años. Siempre simpática para no despertar sospechas, Myra la lleva a los páramos que rodean Manchester con la excusa de buscar un guante perdido y allí Brady la viola y la degüella. El cuerpo es enterrado para no dejar huellas.

La pareja ya ha matado y ese placer que los asesinos seriales sienten con la primera víctima les hace continuar. El 2 de noviembre matan a un chico de 12 años, John Kilbride, siguiendo el mismo ardid, y el 16 de junio de 1964 la víctima es otro chico de la misma edad, Keith Bennett. El *modus operandi* no se altera porque hasta ahora ha dado excelentes resultados. La policía aún no ha localizado ninguno de los cuerpos.

Envalentonados por la impunidad de la que han disfrutado hasta el momento, la pareja desea experimentar más emoción y varía su procedimiento. Un año y medio después de asesinar a Keith Bennett secuestran a la niña de 10 años Lesley Ann Downey. Con enorme sangre fría la llevan a su casa y allí la obligan a posar desnuda mientras la fotografían. Acto seguido Brady la viola. Según la confesión que más tarde realizaría Ian Brady, su novia insistió en matarla estrangulándola con un lazo de seda que solía llevar a menudo en público.

La policía sólo posee denuncias de desapariciones y la pareja crece en confianza. Creyéndose invencibles o ya fuera de la realidad, según como se mire, el 6 de octubre de 1965 hacen al cuñado de Myra, David Smith, testigo de uno de sus crímenes. El hombre había acudido a la casa para pedirles dinero y la respuesta de Brady fue marcharse de allí y regresar algunas horas después con el joven de 17 años, Edward Evans. Ante la atónita mirada del cuñado, Brady golpea al muchacho con un hacha y lo estrangula en el salón. Obliga a Smith a que agarre el hacha para que sus huellas queden impresas en el mango y envuelve el cadáver en plástico. Cuando la pareja se marcha a dormir, David Smith sale horrorizado de la casa y junto a su mujer llama a la policía.

En el domicilio conyugal aún permanece el cadáver envuelto en plástico y en una consigna de una estación de tren se localizan las fotografías de la violación y asesinato de Lesley Ann Downey. El juicio levanta estupor en el país. Myra Hindley es calificada por los periódicos como *la mujer más odiada de Inglaterra*. Gracias a su confesión podrán desenterrarse los cadáveres ocultos en el pantano, a excepción del de Keith Bennett, que jamás aparecerá.

LAS ENVENENADORAS

En cuanto a la motivación de las asesinas seriales, el estudio de Eric Hickey reveló que las tres cuartas partes de ellas matan por lucro y que una ínfima parte lo hace por sexo o sadismo. Un año después de sus conclusiones aportadas, los expertos en homicidios múltiples, Holmes y Holmes, elaboraron una tipología de asesinas seriales basada en su motivación.

MOTIVACIÓN	CARACTERÍSTICAS
Visionarias	- Se corresponden con las psicóticas. - Las víctimas suelen ser desconocidas. - Una voz o una visión les induce a matar.
Lucro	- Las víctimas son conocidas y seleccionadas por su posición social. - Ausencia de sadismo. - Delitos bien planificados.
Sexo/ Sadismo	- Los crímenes están planificados. - Las víctimas son desconocidas. - Se las selecciona por su aspecto físico o algún detalle de especial significación para la asesina.
Poder y control	- Los crímenes están bien planificados. - Las víctimas son desconocidas. - Ella mata para reafirmar su ego.
Lealtad	- Los crímenes suelen estar bien planificados. - Los asesinatos se cometen bajo la influencia de otra persona de la que se busca su aceptación o aprobación. - Las víctimas suelen ser desconocidas y elegidas por el sujeto dominante.

Respecto al arma más empleada, tanto el estudio de Eric Hickey como el de Holmes y Holmes llegaron a la conclusión de que era el veneno. La razón principal que las propias asesinas esgrimieron para explicar su predilección por el veneno se centra en el tiempo que la policía tarda en detectar su presencia en el cuerpo de las víctimas, lo que les permite, a la postre, seguir matando. Pero no sólo por ello.

Una de las personas que más ha investigado en España el mundo de las envenenadoras seriales es la periodista y criminóloga Marisol Donis. Autora del libro *Envenenadoras* (Esfera de los libros, 2002), Donis se remite a las palabras del penalista Impallomeni, asegurando que las grandes ventajas del veneno son «su fácil ocultamiento, escaso volumen, adquisición de modo anónimo y con poco esfuerzo, y desembolso económico importante», además de que con él «se mata rápidamente y se ahorra el derramamiento de sangre». Cualidades imprescindibles para unas mujeres que no desean tocar a su víctima, lograr un crimen limpio con sustancias que maten poco a poco y sin levantar sospechas. Otra ventaja añadida es la facilidad en conseguir determinados tóxicos que son camuflados en el hogar sin mayor problema, como medicinas o artículos de limpieza. Otros estudiosos como el investigador Domingo Saumench van en la misma línea, afirmando que su empleo se debe a que «provoca una muerte relativamente humana y porque no requiere acción directa, pues la víctima lo ingiere de propia mano».

Algunos expertos han creído ver en estas cualidades una consonancia perfecta con el carácter femenino. Por ejemplo, la repulsión generalizada que las mujeres sienten ante la violencia y el derramamiento de sangre casa perfectamente con el empleo de este tipo de sustancias, que pueden provocar la muerte, pero de esa forma más limpia que enunciaba Marisol Donis. Además, el veneno se une a otra constante como es la astucia. «La debilidad física de la mujer se sustituye con astucia, disimulo y decisión. Al ser más lista que el hombre y saber esperar el momento oportuno, cuando emplea el veneno ha premeditado y buscado el momento justo para administrarlo», comenta en el libro mencionado la criminóloga Marisol Donis.

Respecto al tipo de venenos empleados, es la imaginación de la asesina, su poder económico y el acceso a los tóxicos los factores que marcan su uso. Entre los más empleados actualmente destacan derivados del arsénico, diversos matarratas y medicamentos legales como antidepresivos o antipsicóticos, que son administrados en dosis mortales. Al margen de estos podría decirse que todo ha servido, haciendo válido el dicho del galeno Paracelso quien aseguraba que «todo es veneno, nada es veneno, sólo depende de la cantidad». Y así, en el año 1889 la española Pelegrina Montesis era detenida por asesinar a su marido tras envenenarle con un puré al que añadió polvos de vidrio. Lo insólito de la mezcla provocó que el Tribunal Supremo dictara una sentencia, aún vigente en la actualidad, donde argumentaba que «veneno es toda sustancia que introducida en el organismo puede causar la muerte o graves trastornos. No importa que su actuación sea química o mecánica, pertenezca al mundo mineral, vegetal o animal, admitiéndose que puede ser

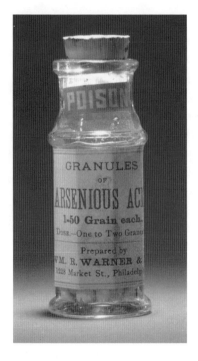

Bote de arsénico, uno de los venenos más potentes y utilizados por las envenenadoras seriales.

administrado por cualquier vía: inhalación, ingestión o inyección».

Entre las envenenadoras más famosas de la historia, Margarita Sánchez tiene un papel predominante. La que sería conocida como *la Envenenadora de Hospitalet* era una mujer analfabeta, poco agraciada físicamente y, sobre todo, fría y calculadora.

Su nombre comienza a ser conocido en los círculos policiales a partir del 26 de agosto de 1995, cuando José Antonio Cerqueira, emigrante portugués y residente en Hospitalet, es ingresado de urgencia en el Hospital Príncipes de España. Su estado es de coma y antes de desvanecerse sólo recuerda que comenzó a sentirse mal en el curso de una comida entre su familia y la de otra vecina, compuesta por una mujer llamada Margarita y sus dos hijos adolescentes.

En el hospital todos temen por su vida. La mencionada Margarita acude a visitarle y cuidarle como si fuese su esposa, pero cuando ésta regresa de Portugal para ocuparse de su marido, a ella no se la vuelve a ver. Después de varios días de cuidados extremos el hombre parece recuperarse. Los facultativos aún no conocen el origen del síncope, pero deducen que este se ha producido por una intoxicación de medicamentos «al haberse excluido las alteraciones del sistema nervioso normales en alguien de su edad. No se consiguió encontrar la causa de la misma, siendo negativos todos los análisis de toxicología practicados», dice el parte médico.

Un mes más tarde, el 26 de septiembre de 1995, una muerte conmociona al barrio. Se trata de Piedad Hinojo Iranzo, mujer de 66 años de edad, cuyo cadáver es encontrado tumbado en el sofá rodeado de vómitos y orines por su hija Soledad García. Piedad tenía una salud relativamente buena y nada hacía sospechar una muerte tan trágica. Su hija no lo comprende y por eso su memoria rescata las llamadas que una vecina llamada Sonia le ha realizado en los últimos días, asegurándole haber visto a la difunta bastante desmejorada. Sonia es una de las hijas de Margarita.

Soledad sospecha que algo terrible ha sucedido. No sólo por esas llamadas, también porque cuando entró en el domicilio la puerta de la calle no tenía puestas las llaves ni echado el cierre, algo en lo que su madre era muy metódica. Además hay una mancha en el lavabo que parece ser de café y cristales rotos alrededor del sofá. Cuando pregunta a los vecinos éstos le relatan que en la tarde del sábado Margarita y su hija Sonia tuvieron que llevarse a Piedad de urgencia al Hospital Clínico, donde los médicos no supieron diagnosticar la causa de su repentino empeoramiento y terminaron achacándolo a una ingesta excesiva de medicamentos. Igual que en el caso de José Antonio Cerqueira. Del ingreso de su madre Soledad jamás fue avisada por Margarita o su hija Sonia.

Una revisión más profunda del piso descubre la ausencia de varios objetos de valor y en otra visita a Caixa Cataluña se constata que alguien ha sacado dinero de la cuenta de Piedad, alguien con el nombre de Margarita Sánchez. Cuando la Policía recibe la denuncia de Soledad, rápidamente inician un dispositivo de búsqueda. «Mujer de 1,60 de estatura, morena, pelo a media melena, bizca del ojo izquierdo y acompañada de sus dos hijos, chico y chica, ésta de una edad entre 16 y 18 años», es la descripción que aportan a los agentes. Poco después, el 26 de diciembre de 1995, es detenida cuando intentaba vender objetos de valor pertenecientes a Piedad en una tienda de empeños.

Tras negarse a declarar, excusándose en su analfabetismo, es puesta en libertad a la espera de juicio. La calma parece regresar a comisaría hasta que el nombre de Margarita surge nuevamente, en esta ocasión relacionándolo con la misteriosa intoxicación de Antonio Cerqueira. Antes de proseguir debemos saber que el factor que separa el envenenamiento de la intoxicación es la intencionalidad. Envenenar es administrar conscientemente a una persona cualquier sustancia que se sepa es perjudicial para su salud. Lo contrario, el desconocimiento de esa cualidad nociva, lleva a la intoxicación. La diferencia no es baladí, ya que el envenenamiento lleva al asesinato o intento de asesinato, mientras que la intoxicación puede terminar en homicidio involuntario. En cada uno de ambos supuestos la pena es diferente.

Lo mismo sucede con uno mismo. Si ingerimos a sabiendas un matarratas nos estaremos envenenando, mientras que si comemos setas que pensamos son inocuas, nos estamos intoxicando.

La gran sorpresa llegó cuando los agentes encargados de la investigación interrogaron a los vecinos de Margarita. Estos se referían a ella con toda naturalidad como la envenenadora y la acusaban de ser la asesina de su marido, su cuñado, de un vecino y de haberlo intentado también con su suegra. En una de las farmacias constataron que la mujer había comprado hacía algunos años Colme, un medicamento compuesto por cianamida, derivado del cianuro, con el que ella trataba el alcoholismo de su marido.

Las piezas parecen ir encajando y Margarita es sometida a un férreo seguimiento. Los investigadores se entrevistan con allegados de la sospechosa y con todo aquel que pueda aportar datos relevantes desde diez años atrás. Así saben, por ejemplo, que sus familiares ya difuntos arrastraron un largo historial de entradas y salidas en varios hospitales por dolencias desconocidas y que algunos murieron en circunstancias no aclaradas. El 19 de junio de 1996 Margarita y su hija Sonia son detenidas con la acusación de haber envenenado a siete personas.

En el posterior interrogatorio las sospechosas confiesan y con una sangre fría que asusta a los agentes relatan cómo vertían dosis letales del medicamento Colme en el café o en la bebida de la persona a la que deseaban matar. Después se hacían con sus cartillas de ahorros y rápidamente sacaban el dinero de las cuentas, falsificando sus firmas o asegurando al cajero hacerlo en su nombre por indisposición médica de los titulares. Como tantos otros asesinos seriales, Margarita se retractaría de su confesión al inicio del juicio, en enero de 1998. A su favor jugó la imposibilidad de practicar la autopsia a cadáveres que llevaban años enterrados y sólo se la condenó por tres delitos de lesiones y diversos robos y estafas. Eso sí, la pena fue de 34 años de cárcel.

ELLOS TAMBIÉN ENVENENAN

Si Margarita Sánchez no obtuvo una condena mayor fue porque la detección del veneno dentro del organismo no es tan inmediata ni fácil de constatar, al igual que sus efectos no son tan inmediatos como pueda creerse. De modo general, la toxicidad puede aparecer dentro de las 24 horas siguientes a la ingesta, dentro de los quince días siguientes, desde los quince días a los tres meses o después de esos tres meses. Huelga comentar que cuanto más tiempo tardan en aparecer los primeros efectos, mayor será la dificultad para sospechar de un asesinato.

Por ello el envenenamiento ocupa uno de los últimos lugares en los índices de criminalidad, constituyendo la

Mesa de autopsias. La autopsia es en muchas ocasiones el único procedimiento capaz de averiguar si una persona ha muerto envenenada. Y no siempre se consigue.

cifra negra del crimen, denominación que engloba aquellos asesinatos y homicidios que pasan como muertes naturales, suicidios o accidentes domésticos.

En España, el encargado de realizar los análisis toxicológicos es el Instituto Nacional de Toxicología y Ciencias Forenses, órgano adscrito al Ministerio de Justicia. Este tipo de análisis puede realizarse en dos tipos de cuerpos: en los que aún tengan vida y en los muertos. Referente a los primeros, basta en muchas ocasiones atender a la tonalidad de la piel, al olor del aliento o al estado general para intuir si alguien ha sido envenenado o intoxicado. Así, la presencia de taquicardias puede llevar a una ingesta de cocaína; el delirio a la presencia de belladona, plomo o arsénico en el organismo; los espasmos uterinos a un exceso de fósforo o plomo; las contracciones faciales a la toma de plomo y mercurio en grandes dosis… y así sucesivamente. Aunque nada será concluyente hasta que no se realicen los análisis médicos oportunos.

En el supuesto de los cadáveres, la detección del veneno puede complicarse aún más, porque este tiende a desaparecer del cuerpo, absorbido por el propio organismo. Es por ello que los forenses dedican una especial atención a las uñas y el pelo, al ser allí donde los tóxicos permanecen por más tiempo.

Así fue cómo se detuvo en Argentina a Yiya Murano, la mujer que asesinó entre el 11 de febrero y el 24 de marzo de 1979 a tres amigas utilizando cianuro. Como Margarita Sánchez, la serenidad con la que habló la detenida sorprendió a los presentes, que escucharon atónitos el relato de una historia que se iniciaba en ese mismo 1979, cuando Yiya decidió especular con el dinero que le dejaban sus amigas para devolvérselo con intereses a cambio de una comisión por sus gestiones. El negocio funcionó correctamente hasta que Yiya se retrasó en la devolución de 300.000 dólares.

Para explicarles la situación Yiya las citó en su casa individualmente, ofreciéndoles té con pastas para calmar los ánimos. Después de la reunión la invitada comenzaba a sentirse indispuesta y terminaba muriendo, bien en su propia casa o bien en el hospital, pero siempre con su *buena amiga* cerca.

La exhumación de uno de los cadáveres descubrió restos de cianuro en su organismo, presumiblemente ingerido a través del té o de las pastas ofrecidas por Yiya. La mujer fue acusada formalmente de asesinato y condenada a cadena perpetua en 1985. Diez años más tarde salía en libertad, beneficiada por una conmutación de penas.

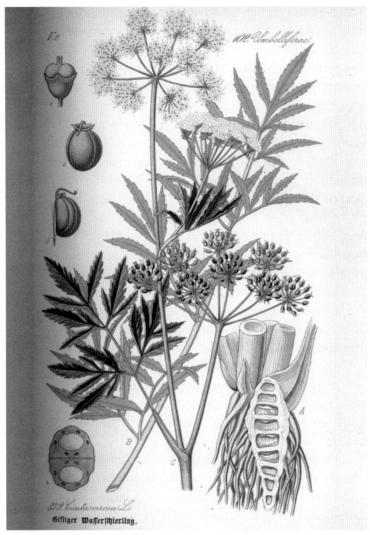

Antiguo tratado sobre plantas. Durante siglos las envenenadoras
poseían los suyos propios para aprender qué plantas debían utilizar
y de qué modo.

Dentro del mundo de las envenenadoras existe una modalidad sorprendente por sus características y que ha recibido el nombre de *síndrome de Münchausen por poderes*. Afecta casi exclusivamente a las mujeres y consiste en una disfunción mental que provoca en quienes la padecen la necesidad constante de sentirse necesitadas por familiares suyos, principalmente por los hijos.

Para lograr tal dependencia, estas mujeres son capaces incluso de recurrir al envenenamiento, no con el afán de asesinar, sino para provocar una enfermedad sobre la que se volcarán con todas sus fuerzas. Otra modalidad consiste en no suministrar las medicinas que los enfermos necesitan para, de ese modo, seguir pendientes de ellos.

En Estados Unidos se calcula que este síndrome es causante de cerca del 10% de la mortalidad infantil, dándose casos tan espeluznantes como el de una niña que fue operada 34 veces para corregir un mal que le hacía vomitar todo lo que ingería. Cuando las autoridades sanitarias investigaron más a fondo la anomalía, descubrieron la auténtica causa de los vómitos: el veneno que en pequeñas dosis le suministraba su propia madre secretamente para evitar que su hija sanara.

Pero no sólo las asesinas seriales tienden a utilizar el veneno en sus crímenes, también los hombres, y en un número tan elevado que para agruparlos se acuñó la categoría conocida como *ángel de la muerte*, en clara disputa con la femenina de las *viudas negras*. Por *ángel de la muerte* se entiende a las personas que deciden matar a otras, según ellos, para aliviar su sufrimiento en vida,

El *ángel de la muerte*, el doctor Harold Shipman junto
a algunas de sus víctimas.

aunque, como demostrarán algunos casos que vamos a
repasar enseguida, nada hay de cierto en sus palabras.
Suelen ser profesionales de la salud o asistentes sociales
con fácil acceso a medicamentos y personas dependientes
o enfermos a su cargo.

Entre los más conocidos está el inglés Harold
Shipman, afable médico de familia que trabajaba en la
localidad de Hyde, cerca de Manchester. Durante 15
años este personaje actuó impunemente, hasta que en
el año 2000 fue detenido y acusado de provocar la muerte
de más de 200 ancianos con inyecciones de morfina o
diamorfina. Según su testimonio lo hizo por caridad y
compasión, considerándose una especie de Dios, dador

de la vida y de la muerte. Móvil que compaginaba con la codicia. De hecho, sólo cuando se descubrió que había falsificado el testamento de una de sus víctimas, la Policía comenzó a sospechar de su actividad extra-profesional.

Otro compatriota suyo en todos los sentidos fue Benjamin Geen, condenado el 10 de mayo de 2006 a 30 años de cárcel por el asesinato de dos personas y el intento de otras 15. Enfermero en el Hospital General Horton de Oxfordshire, su *modus operandi* consistía en inyectar drogas, relajantes musculares y sedantes en las víctimas, para provocar la parada de los músculos respiratorios.

También como Shipman, su finalidad última no era provocar la muerte, sino resucitar al enfermo cuando esta parecía ser inevitable. «Siempre hay un resucitado cuando estoy de servicio», decía jactanciosamente en el trabajo. Con estas palabras Geen demostraba el gozo que le producía dominar la vida y la muerte de sus pacientes, sentirse Dios. Pero no todos resucitaron y en al menos dos ocasiones la muerte le ganó la partida. Eso y el hallazgo de una jeringuilla en su bolsillo, llena de una dosis letal de relajante muscular, lograron el fin de su carrera criminal.

Curiosamente, cuando escribo estas líneas un hombre de 45 años de edad, vecino de la localidad gerundense de Castellfollit de la Roca y que responde al nombre de Joan V. ha sido detenido en la localidad catalana de Olot, sospechoso de haber envenenado al menos a 11 ancianos en la residencia geriátrica *La Caritat*, donde trabajaba como celador.

Por la confesión del propio detenido a los Mossos d'Esquadra se ha sabido que obligaba a sus víctimas a

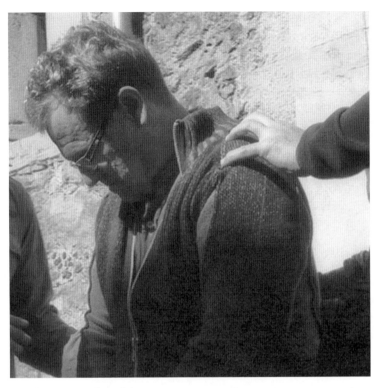

El autor confeso del envenenamiento de varias ancianas en el
geriátrico *La Caritat*, de Olot.

ingerir un líquido abrasivo, probablemente lejía, que
acababa en pocas horas con su vida. La defunción era
constatada como «muerte natural» por la avanzada edad
de los pacientes y de esta forma él salía impune. Distinto
procedimiento para un claro caso de *ángel de la muerte*.
Y es que al igual que los ejemplos recién comentados, el
abogado defensor de Joan V. aseguró que su cliente las
mató «por amor», para evitar su sufrimiento.

Un intento vano de desviar la atención, porque horas después el acusado reconocía haberse sentido «ser Dios» cuando acabó con las ancianas los pasados 12, 16 y 18 de octubre. Misma historia con diferentes protagonistas.

4

EL PROBLEMA DEL
TRATAMIENTO

Un horizonte muy lejano

Ha llegado ya el momento de formular la gran pregunta: ¿Qué podemos hacer para evitar que un asesino serial vuelva a matar? La pregunta no es fácil de responder. No al menos en lo relativo a los psicópatas. Con los asesinos psicóticos el problema no es excesivo, ya que una vez han sido detenidos pueden ser internados en centros psiquiátricos hasta lograr su reinserción bajo atenta mirada médica y familiar. Pero con los psicópatas esta medida no puede aplicarse por la sencilla razón de que no son enfermos mentales. Y no lo son porque ya hemos comentado que saben distinguir perfectamente el bien del mal.

Si ustedes presencian alguna vez un juicio a un presunto psicópata constatarán que la lucha entre el abogado defensor y el fiscal girará en torno a esta cuestión. El abogado defensor pretenderá por todos los medios que el

Poco sabemos realmente sobre las causas que originan la psicopatía, por eso es tan difícil prevenir la actuación de los psicópatas asesinos.

juez y el jurado decreten la incapacidad del acusado o una atenuación en la pena por trastorno mental, mientras que el fiscal presentará los argumentos contrarios, dirigidos a demostrar su buen raciocinio.

Sea cual sea el resultado del juicio, los hechos y los estudios psiquiátricos nos han demostrado que los psicópatas conocen perfectamente estar infringiendo la Ley con sus crímenes. Saben que no deben cometerlos y aun así los cometen. Saben que irán a la cárcel de ser detenidos y aun así los cometen. Saben que matar está prohibido... y aun así los cometen.

A continuación citaré las palabras que sobre los psicópatas pronunció el profesor José Sanmartín, director del Centro Reina Sofía para el estudio de la violencia:

No es un enfermo mental. Sabe lo que hace. Lo que pasa es que no siente lo que hace. Su toma de decisiones es fría, sin sentimientos ni remordimientos. Su comportamiento cuando mata no es humano. En realidad, mata como un depredador que elimina a una presa de una especie distinta.

Esta claridad en su raciocinio impide, como decía, que se les califique de locos o enfermos mentales, por lo que su destino no puede ser un hospital psiquiátrico, sino la cárcel. En los países donde se aplica la pena perpetua o la capital, el problema termina una vez el reo ha sido condenado en sentencia firme a una de ambas. Ya sea por cadena perpetua o capital acabará muriendo en la cárcel, por lo que no habrá miedo a que reincida. El dilema llega con los países que no contemplan estas penas. En ellos, y respetando los principios de rehabilitación y reinserción social actualmente vigentes, los psicópatas asesinos tienen el mismo derecho que cualquier otro detenido a ser excarcelados una vez hayan cumplido su pena. Y es aquí donde reside el quid de la cuestión, porque las estadísticas dictan que, una vez recuperan la libertad, existe una altísima probabilidad de reincidencia. Quizá no el mismo día o el mismo mes, pero sí al cabo de un tiempo.

¿Qué podemos hacer entonces? Los expertos no se ponen de acuerdo e intentan atajar la cuestión basándose en dos enfoques que vamos a repasar exhaustivamente. El primero, al que podríamos calificar como *camino primario*, se centra en averiguar las causas que conforman la psicopatía, esto es, descubrir qué factores sociales, ambientales o genéticos favorecen el surgimiento de la psicopatía para erradicarlos o controlarlos y evitar que alguien se convierta en psicópata; y el segundo, que llamaremos *camino secundario*, en decidir qué debe hacerse con un psicópata que ya ha cometido al menos un asesinato para que no vuelva a matar.

El camino primario. El psicópata: ¿Nace o se hace?

Hasta el momento nadie ha sido capaz de descubrir qué factores son aquellos que originan la psicopatía. Se ha investigado profusamente, pero nadie ha logrado descifrar sus claves.

Algunos creen que puede originarse por factores genéticos, que el psicópata nace siéndolo; otros que surge por factores ambientales, que el psicópata se hace; y unos terceros creen que el psicópata nace con genes que le predisponen a padecer esta anomalía y que, dependiendo del ambiente en el que se críe, estos se desarrollarán en un determinado camino. Las tres visiones poseen sus pros y sus contras respectivos.

Acercándonos a la teoría que habla del componente genético como origen de la psicopatía, estudios realizados mediante tomografías cerebrales han demostrado que el lóbulo frontal de un psicópata es menos activo que el de alguien normal. Precisamente la región del cerebro donde se registran las inhibiciones y represiones que nos impiden matar y cometer otros actos violentos. Es una

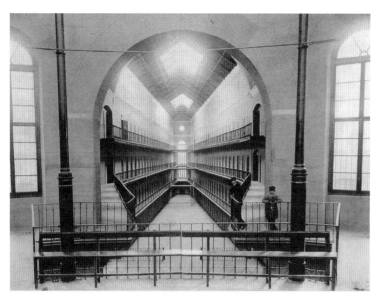

Cárcel Modelo a comienzos del siglo XX.

explicación perfecta para comprender por qué los psicópatas no muestran los remordimientos inherentes a casi todos los seres humanos.

Otros estudios se han encaminado a demostrar un aumento en sus niveles de testosterona y una disminución en los de serotonina. La testosterona está íntimamente relacionada con el carácter violento de una persona. Cuanto mayor sea su presencia en el cuerpo, mayor violencia desplegará su portador, es lo que dice la teoría al menos. En cuanto a la serotonina, se trata de un neurotransmisor natural cuya función es regular la excitación, la actividad sexual, los estados de ánimo y la agresividad. En bajas cantidades el resultado es una persona con deficiente control sobre las conductas mencionadas.

Ambas propuestas son cautivadoras, pero en la práctica no aplicables a todos los psicópatas, porque muchos de ellos poseen índices normales de serotonina y porque no todos los que carecen de la suficiente han acabado convirtiéndose en asesinos. Lo mismo sucede con la testosterona, aunque el doctor James M. Dabbs demostró en un estudio realizado sobre 44.462 hombres que los autores de crímenes violentos eran quienes poseían los valores de testosterona más altos. Como vemos, una de cal y otra de arena.

No mejor fortuna han tenido quienes se centran en los factores sociales y ambientales, aunque aquí el campo de estudio podría decirse que es mucho más amplio.

La realidad nos dicta que nadie nace con las normas morales aprendidas. Estas se adquieren durante la niñez, la infancia y la adolescencia. Durante esas épocas el niño va formando una imagen de sí mismo a través del trato que recibe de sus familiares y amigos. Si actuamos bien recibimos un premio –caricia, beso, caramelos…– y si lo hacemos mal un castigo –bofetada, reprimenda…–. Así es cómo distinguimos lo que está bien de lo que está mal. Pero, ¿qué sucede si nadie nos enseña esa diferenciación o si se nos alaba por hacer algo mal? En el primer caso que nuestro sentido de lo moral no se corresponderá con el imperante en la sociedad porque nadie nos ha enseñado a diferenciar ambos conceptos, por lo que nosotros seremos nuestros propios jueces. Y en el segundo que sabremos distinguir el bien del mal, pero creyendo que el segundo es una vía válida para alcanzar nuestras metas y anhelos.

Ninguna política penitenciaria ha servido para lograr la rehabilitación de los psicópatas asesinos, únicamente el paso del tiempo y la entrada en la vejez aplaca sus ansias homicidas.

Estas carencias suelen ser propias de personas que han sufrido malos tratos en la infancia y por ello se investigan en profundidad los primeros años de vida de los asesinos seriales, buscando elementos que expliquen su posterior violencia. Ciertamente son muchos los criminales de este tipo que tuvieron infancias trágicas, con padres alcohólicos, cuando no también asesinos. Robert Ressler pudo constatarlo cuando completó el programa de entrevistas con los peores asesinos seriales de Estados Unidos. Su documento final incluía la siguiente sentencia:

Sus madres se caracterizaron por ser frías, distantes, negligentes y nada cariñosas hacia sus hijos, en un momento en el que un ser humano normal es mimado.

También concluyó que nunca hubo en el entorno de los sujetos entrevistados una figura fuerte en la que basarse, alguien que guiara sus conductas y les enseñase a distinguir lo que estaba bien de lo que estaba mal. Sin embargo, millones de niños en países del Primer y Tercer Mundo también tienen esas mismas infancias traumáticas, si no más, y no se han convertido en psicópatas. Es más, existen casos de asesinos seriales que tuvieron infancias felices, con madres cariñosas que se desvivieron por el cuidado de sus hijos. Gilberto Chamba, *el Monstruo de Machala*, fue uno de ellos.

Natural de la localidad ecuatoriana de Machala, Gilberto Chamba Jaramillo asesinó cruelmente durante su etapa adulta a más de diez mujeres entre su país natal y España. Cuando fue interrogado, tras su detención en 2005, aseguró haber disfrutado de una infancia feliz y haberse sentido amado por sus padres a los que nunca culpó de nada. Y no es un caso único.

Entonces, si el factor genético y el ambiental-social no han logrado descifrar el origen de la psicopatía, ¿qué podemos deducir? Personalmente me inclino por la tercera vía, por la que habla de una suma de factores genéticos, ambientales y sociales como el origen de esta perversión mental. Creo que existen personas con una inclinación innata hacia la violencia que, conjugada con determinados factores sociales y ambientales, les lleva a convertirse en asesinos.

Estudios elaborados por el antropólogo y sociólogo Stuart Palmer han demostrado que en las sociedades denominadas primitivas el asesinato de personas desconocidas

Está demostrado que en aquellas sociedades donde la violencia se muestra más arraigada, el fenómeno de los asesinos seriales posee mayor incidencia que en el resto de naciones.

era una práctica tremendamente inusual. Recordemos que así es como se denominaba en el pasado a los crímenes seriales. La conclusión es que son las sociedades modernas e industrializadas las que con mayor incidencia han sufrido históricamente este tipo de criminalidad. La clave se centra en descubrir qué factores son los que motivan el auge de la psicopatía. Cuáles no estaban presentes en las sociedades primitivas y sí ahora.

Uno es la cultura de la violencia en la que vivimos inmersos. Ciertamente violencia ha existido siempre y en términos globales puede que en el pasado las sociedades fuesen más belicosas. La diferencia estriba en que hoy la violencia se ha instalado en nuestras casas, en nuestros vecindarios. Dicho gráficamente, antes las sociedades se mataban entre sí, hoy lo hacemos entre vecinos.

A esta difusión de la violencia han contribuido enormemente el cine, la televisión, internet... medios de comunicación que no paran de ensalzarla, mostrándonos ídolos musculosos y hábiles en el manejo de armas. «Los espacios informativos ofrecen escenas de jóvenes que eliminan a sus enemigos con armas de fuego, sin comentar en ningún caso que esta es una manera inaceptable de resolver una situación difícil», comenta acertadamente Robert Ressler en su libro *Dentro del monstruo* (Ariel, 2003).

Si no sabes pelear no eres nadie, es el mensaje que transmiten anuncios y series de televisión. La violencia recibe carta de nobleza y se la ve como un medio legítimo para solucionar problemas y conseguir aquello que no puede alcanzarse por otras vías. Con violencia se solventan afrentas, se recupera el honor perdido, se alcanza estatus social, respeto. Sólo en Estados Unidos la mitad de las muertes que se producen al año tienen su origen en una disputa previa. Según estos mensajes ya no sólo es lícito matar en defensa propia, también en defensa del honor. España tiene numerosos ejemplos que lo demuestran.

El 21 de enero de 2001 el joven de 23 años de edad, José Antonio Rodríguez Pardo, era abatido en un camino forestal de la localidad leonesa de Fresno de la Vega. Se había bajado de su coche para retirar unos troncos que cortaban el paso cuando un disparo de escopeta le alcanzó el cuello. La autopsia revelaría que ese disparo no fue el mortal, tampoco el segundo, recibido en el tórax y a corta distancia, sino el tercero. Después de alcanzarle en el cuello, el asesino se había acercado lentamente al herido. Haciendo caso omiso a sus súplicas le disparó en el pecho con la escopeta de caza. Como aún vivía, le apuntó a la sien derecha. Luego disparó.

Cuando la Guardia Civil detuvo a Carlos Enrique Sandoval, de 31 años de edad, por el asesinato del que todos en el pueblo consideraban su amigo, este sólo pudo decir que lo había matado por venganza. Y es que unas semanas antes, la víctima le había llamado «tacaño» delante de la cuadrilla de jóvenes que se reunían tras el trabajo en uno de los bares del pueblo.

La psicología conoce perfectamente el influjo perverso que estos mensajes producen en la mente de los espectadores. Hace unos años se discutía si los dibujos animados plagados de golpes y peleas, especialmente los que llegaban desde Japón, aumentaban la capacidad de violencia de los niños. Personalmente opino que sí, basándome en diversos estudios que lo han demostrado, por mucho que algunas partes interesadas sigan aduciendo que eso no ha logrado constatarse. Y lo mismo pienso de los juegos de ordenador, el nuevo espectáculo del siglo XXI.

Un segundo factor que favorece la aparición del asesino serial es la facilidad de acceso a las armas. Ciertamente la mayoría de estos criminales no utilizan armas de fuego. Ellos rechazan la muerte a distancia por considerarla fría e impersonal y prefieren utilizar el cuchillo, el método de estrangulación y en tercer lugar la asfixia. Las tres les permiten sentir a su víctima cerca, experimentar la gratificación de matarla con sus propias manos. Sin embargo, la mayor presencia de armas de fuego en los hogares y en las escuelas, en los hospitales y en los centros de trabajo, les generan la percepción de que utilizar un arma es lícito y a las personas que las portan la sensación de poder matar en cualquier instante.

Las cifras son clarificadoras en esta cuestión. Como sabemos en Estados Unidos existe el derecho constitucional a portar armas, pues bien, entre 1880 y 1990 el número de asesinos seriales que actuaron en ese país osciló entre los 600-700. Mientras, en Inglaterra, país que guarda innumerables paralelismos con los norteamericanos, pero donde no existe el derecho a portar armas de fuego libremente, sólo se reconocieron oficialmente 25 casos.

Como tercer factor que motiva el auge del asesino serial yo destacaría la despersonalización que sufren nuestras grandes ciudades y la presión social que todos hemos vivido en alguna ocasión de lograr el éxito rápidamente.

Si no vemos a nuestros semejantes como personas, si no estamos habituados a relacionarlos con nuestros vecinos y familiares, es más fácil tratarlos como desconocidos, como seres carentes de sentimientos, gente a la que no importa matar porque nadie les echará en falta.

En cuanto a lograr el éxito rápido, las sociedades occidentales tienden cada vez más a considerar un fracasado a la persona que no ha cumplido con las expectativas sociales antes de los 40 años de edad. Este sentimiento es generador de enorme presión en

Cuanto mayor es la facilidad con la que los ciudadanos
se hacen con armas de fuego, más altos índices de
criminalidad se experimentan.

cualquier persona y más en los psicópatas, incapaces
de responder adecuadamente a los envites de la vida.
Ya hemos visto que casi todos comenzaron a matar
después de un hecho que ellos calificaron de insuperable y que no era sino algo común para el resto de
mortales, como el abandono de un amor o la pérdida
de un empleo. Por si esto fuese poco, el origen
humilde que comparten la mayoría de los asesinos
seriales no ayuda nada.

Algún lector podrá aducir, con razón, que si la cultura del éxito es propagadora del fenómeno del asesino múltiple, ¿qué sucede entonces con Japón, donde la cultura del éxito es muchísimo más intensa, pero donde los asesinatos sólo conforman el 1% de los delitos anuales? La respuesta es sencilla. En Japón el fracaso «se paga» tradicionalmente con el suicidio. Por ello el país tiene tan pocos asesinatos, pero es uno de los cinco países con mayor índice de suicidios del mundo.

Junto a estos factores comentados, hay otro que yo considero especialmente perverso: la admiración popular que algunos asesinos seriales reciben una vez han sido detenidos y que les muestran más como héroes que como fríos y desalmados criminales.

Casi ningún asesino común que se encuentre actualmente en prisión se ha hecho famoso por haber matado a otra persona, a no ser que la víctima fuese alguien de renombre. Pero incluso en esos supuestos el paso del tiempo termina por borrar su huella. Con los asesinos seriales no sucede así. Sus nombres y sus crímenes son imperecederos. Se habla de ellos en los medios de comunicación, se publican libros diseccionando sus vidas con cierta admiración y gran despliegue de fotografías, se les invita a entrevistas y se crean páginas web en torno a sus figuras.

El paroxismo llega durante los juicios y la posterior estancia en prisión. No son pocos los casos en los que se ha debido desalojar las salas por los gritos de cariño y ánimo vertidos desde las butacas. Admiración que continúa en las cárceles a través de las cartas escritas por fans y dirigidas a sus ídolos. Gracias a la correspondencia que mantuvo con una de sus admiradoras, Ted Bundy llegó a contraer matrimonio antes de ser ejecutado y tener un hijo estando aún encarcelado.

No quiero dar la sensación de estar en contra del correo carcelario. Pienso que a muchos presos les beneficiaría recibir misivas periódicamente, aunque fuese de desconocidos, para sentirse con ánimo de cara a una futura y exitosa reinserción, pero con los asesinos seriales mi parecer está muy dividido y radicalmente en contra cuando esas cartas son, como digo, de admiración.

Por este clamor recibido no es de extrañar que *El hijo de Sam* asegurase que el público le incitaba a continuar con su orgía de sangre, al observar el tremendo despliegue informativo que sus asesinatos habían originado. «Al final me había convencido de que (matar) era bueno hacerlo, de que era incluso necesario hacerlo, y de que el público quería que lo hiciera. Esto último lo sigo creyendo todavía hoy. Creo que mucha gente me incitaba», fueron sus palabras. Porque quizá no lo percibamos, pero con estas actitudes estamos dando aire a futuros asesinos seriales. Nuevamente Robert Ressler dio en la clave al asegurar que «un asesino en serie es un don nadie que quiere ser alguien, no a través de la fama positiva, sino de la infamia». El criminólogo estadounidense R. S. Ratner fue más allá y tras mostrar su estupefacción por estas conductas alegó que estamos intensificando «la asociación entre el asesino en serie y el ocio juvenil», alentando sutilmente la comisión de sus actos.

La mayoría de los asesinos seriales no tienen la inteligencia ni la cultura del doctor Hannibal Lecter.

¿Creen que es una exageración? En Wichita, Kansas, se dio el caso de un hombre que comenzó a matar a mujeres. En una carta enviada a la policía pidió que, por favor, le llamasen a partir de entonces *El estrangulador ATM*, por «átalas, tortúralas, mátalas». Esta persona conocía perfectamente el mundo de los asesinos seriales y estaba creando su propia historia basándose en lo que había visto y leído sobre sus ídolos.

Pero la culpa no es sólo de ciertas personas, también del cine. Películas como *El silencio de los corderos* alejan de la sociedad la auténtica imagen de los asesinos seriales. Ninguno de ellos es como el Hannibal Lecter del filme. No son gente tan culta, tampoco son refinados, ni cosmopolitas. No se conmueven por la vida de los demás ni son interesantes. Son personas inadaptadas a la sociedad, inútiles en sus acciones. Son asesinos fríos, insensibles, desagradables, crueles, carentes de estima hacia sus semejantes. Les gusta matar, humillar, degradar, torturar. Son capaces de acabar con la vida de sus familiares, amigos y desconocidos y ningún medio de comunicación ni persona particular debería ensalzar sus crímenes o buscar justificación para ellos.

EL CAMINO SECUNDARIO. QUÉ HACER CON LOS ASESINOS SERIALES

La cuestión no es sólo que se desconozcan las causas que originan la psicopatía, también el hecho de que nos enfrentamos a una categoría de criminales relativamente reciente, en cuanto que fue hace apenas dos décadas cuando comenzamos a saber algo de cómo funcionan sus mentes.

Frente a ellos poco sirven los estudios realizados sobre los asesinos únicos. En su libro de 1972 *La sociedad violenta*, el sociólogo norteamericano Stuart Palmer dedujo que «los homicidas están oprimidos. Los pobres, los analfabetos, los que carecen de oportunidades legítimas, reaccionan a su opresión institucionalizada con explosiones externas de agresividad». Él creía sinceramente que las desigualdades, las injusticias, la pobreza y la falta de oportunidades eran el origen del crimen. Su colega Wayne Williams compartía esta opinión, asegurando que «la pobreza, además de la desigualdad racial, proporciona un terreno fértil para la violencia criminal».

Y así se creyó hasta que esos mismos sociólogos comenzaron a interesarse por los asesinos seriales. Entonces se descubrió que estos ya no procedían de ambientes oprimidos, que muchos ostentaban trabajos bien remunerados cuando no eran sus propios jefes, que la tensión racial no subyacía como factor predominante en sus crímenes. Los estudios elaborados sobre asesinos únicos no podían aplicarse a ellos. Eran y son una categoría aparte.

Por todo esto las políticas actuales se centran casi exclusivamente en qué hacer cuando uno de estos sujetos ha sido detenido. No pueden ser internados en centros psiquiátricos porque no están locos, pero se sabe que si se les pone en libertad una vez cumplida su pena es muy probable que reincidan. Y sin embargo, no se les puede retener. ¿Qué hacer entonces?

La línea más dura aboga por aplicarles la pena de muerte o en su sentido más atenuado, la cadena perpetua. Sin duda es la opción más radical y la que de mejor forma atajaría el problema de la reincidencia. En Estados Unidos son muchos los estados que prohíben explícitamente la liberación de los asesinos en serie y les aplican la pena de muerte o la de cadena perpetua sin libertad condicional. Un dato: cuando Hickey publicó el estudio comentado en el capítulo 2, sobre los 157 asesinos seriales que le sirvieron como base una quinta parte fueron ejecutados, otro 14% se encontraban esperando la ejecución, otros pocos se habían suicidado o habían sido asesinados por otro preso y los restantes habían recibido la pena a cadena perpetua.

Imagen desde la zona de invitados de la sala donde se aplica la pena por inyección letal, vigente en varios estados norteamericanos.

Elliot Leyton, gran experto en asesinos seriales y profesor de antropología en la Memorial University de St. John´s, asegura que en su país natal, Canadá, «los tribunales de justicia entienden que estos criminales han construido su identidad sobre la base de una actividad homicida, siendo, por tanto, una amenaza constante para la sociedad. La mayor parte de los políticos saben que poner en libertad a tales asesinos iría contra el sentimiento de justicia popular y debilitaría irrevocablemente sus posibilidades de reelección».

Aun así, los defensores de la pena capital que la auspician por creer que servirá para disuadir a futuros asesinos están equivocados. La criminalidad no ha descendido significativamente en los estados que la aplican y en algunos el número de asesinatos incluso ha aumentado. Muy clarificador fue el estudio realizado por las criminólogas Rosemary Gartner y Dane Archer titulado *La violencia y el crimen en una perspectiva transnacional.* Tras recoger datos de 110 naciones que habían abolido la pena de muerte durante el siglo XX, constataron que en algunas de ellas el número de homicidios había ascendido y en otras descendido. Demostraban así que la criminalidad no se ve afectada porque exista o no la pena de muerte. En la mente humana pueden más el arrebato, el deseo de venganza, el poder de la fantasía, o la sensación de invulnerabilidad que la silla eléctrica o la inyección letal.

El otro factor por el que debería revisarse la aplicación de la pena capital tiene mucho que ver con el sistema judicial. No sólo con el de Estados Unidos, también con los del resto del mundo porque, en sí mismo, ningún sistema judicial es perfecto. Los medios de comunicación nos lo recuerdan continuamente, recogiendo noticias sobre personas que sufrieron penas de cárcel por delitos que no cometieron. A veces por culpa de una investigación mal elaborada, otras por una prueba circunstancial, a veces por un jurado llevado excesivamente por su animadversión hacia el acusado.

Recordemos el caso de Anthony Alexander King, conocido en España como Tony King. El 2 de noviembre de 1999 aparece el cuerpo sin vida de una mujer a las afueras de Marbella. Se trata de Rocío Wanninkhoff, desaparecida en la localidad malagueña de Mijas el 9 de octubre de

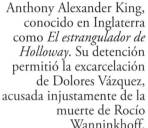

Anthony Alexander King, conocido en Inglaterra como *El estrangulador de Holloway.* Su detención permitió la excarcelación de Dolores Vázquez, acusada injustamente de la muerte de Rocío Wanninkhoff.

ese mismo año. Al presentar el cuerpo un alto grado de descomposición se piensa que fue asesinada el mismo día de su desaparición. El gran problema es que no se han hallado pruebas consistentes, sólo indicios, pero lo suficientemente fuertes como para que se considere a Dolores Vázquez, compañera sentimental de la madre de Rocío, autora del crimen. La sentencia es polémica porque, como recuerdan varios catedráticos de Derecho Penal y otros juristas, esta debe sustentarse en pruebas y no en indicios. En contra de Dolores Vázquez había jugado claramente su carácter frío, el tono desafiante que esgrimió hacia el jurado popular escogido para la ocasión y la rabia que el crimen generó en la sociedad.

Los medios de comunicación también la consideraron culpable, hasta que el 14 de agosto de 2003 se produce otra desaparición en la zona. Se trata de Sonia Carabantes, una chica de 17 años vista por última vez cuando regresaba a su casa tras una noche de fiesta con sus amigos en Coín, Málaga. Su cuerpo sería hallado sin

Sonia Carabantes, la segunda víctima de Tony King en España, tras el asesinato de Rocío Wanninkhoff en la localidad malagueña de Mijas.

vida a cinco kilómetros de su casa, en una zona boscosa conocida como El Pinar.

Durante el análisis minucioso de su cuerpo se encontraron restos de piel humana bajo sus uñas, signo de que había forcejeado con alguien antes de ser asesinada. Fue entonces cuando saltó la sorpresa. El ADN extraído de esas células coincidía con el extraído a una colilla de tabaco marca Royal Crown descubierta en la escena del crimen de Rocío Wanninkhoff. Alguien había estado en ambas escenas, demostrando a la policía española que se encontraban, posiblemente, ante un asesino en serie que operaba por la Costa del Sol malagueña. Todos los datos apuntaban en esa dirección. Las dos chicas habían muerto en tiempo de feria, en poblaciones cercanas entre sí y sin signos de violación previa. Sólo la forma de matar difería. Sonia murió estrangulada, Rocío degollada.

El ADN introducido bastó para cotejarlo con otro que poseía Scotland Yard, permitiendo la identificación de un ciudadano inglés afincado en España llamado Anthony Alexander King, más conocido en su país de origen como *El estrangulador de Holloway*. King fue detenido por la Policía Nacional e inmediatamente confesó la autoría de ambos crímenes. Dolores Vázquez era inocente y tuvo que ser excarcelada inmediatamente.

¿Qué hubiese sucedido con Dolores Vázquez si en España estuviese implantada la pena de muerte? Entre la muerte de Rocío Wanninkhoff y la de Sonia Carabantes transcurrieron cuatro años, tiempo suficiente para que le hubiese sido aplicada.

Otro dato para demostrar la imperfección de los sistemas judiciales. Esta vez en Estados Unidos. En 1992 los abogados Barry C. Scheck y Peter J. Neufeld, ambos de la Facultad de Derecho Benjamin N. Cardozo de Nueva York, fundaron el Proyecto Inocencia, encaminado a revisar todos los casos en los que alguien fuese condenado a muerte, cadena perpetua o a penas superiores a 20 años, como resultado de un análisis de indicios biológicos, estuviera o no presente el ADN. El procedimiento contemplaba, y aún lo hace, la revisión pormenorizada del proceso, buscando discrepancias entre las pruebas biológicas, análisis que no se efectuaron... Cuando se detecta algo anómalo se pide la reapertura del juicio con presencia de las irregularidades detectadas. Bien, en los primeros 132 casos de exoneración conseguidos se constató que en 33 de ellos los acusados confesaron mediante torturas hechos que realmente no cometieron y que casi en la totalidad de los restantes fue la policía y los testigos de la acusación los que aportaron datos y pruebas biológicas falsas en los juicios para resolver el asunto cuanto antes.

Las conclusiones del Proyecto Inocencia han sido tan vergonzosas para las autoridades que el 1 de octubre de 2003 el Congreso de los Estados Unidos aprobó la Ley de Protección de la Inocencia, dentro de un marco jurídico aún mayor llamado Avance en la Justicia, cuyo objeto es garantizar a cualquier condenado que insista en su inocencia el derecho a que se le practique un análisis de ADN riguroso y veraz.

En contraposición a la dura línea defensora de la pena de muerte se sitúan aquellos que abogan por el establecimiento de políticas y programas de rehabilitación en las cárceles. Es una idea noble que choca directamente con los resultados obtenidos. Porque hasta ahora no ha logrado reinsertarse a un solo asesino o violador serial. ¿Por qué? Sencillamente porque ya son mayores para aprender a sentir ese cariño que nunca demostraron hacia sus semejantes estando libres. No se puede convertir a un feroz asesino en un vecino amable mediante reuniones de grupo, si no hay una base sobre la que trabajar. No lo digo yo, lo dicen las estadísticas, el resultado obtenido hasta el momento en las prisiones y en los psiquiátricos a donde fueron llevados algunos de estos criminales.

Lo que sucede en muchas de las personas que defienden la integración respecto a los asesinos seriales es que se dejan llevar por el buen comportamiento que estos seres desarrollan en prisión. Pero todo es un engaño. El propio Robert Ressler aporta en su libro *Dentro del mons-*

Por ahora la cárcel es la única alternativa existente
para proteger a la sociedad de una posible reincidencia
de los asesinos seriales.

truo (Alba editorial, 2005) el caso de un individuo al que
en la cárcel se le intentó reeducar para que dirigiese sus
fantasías sexuales hacia hombres adultos. Su respuesta fue
asegurar que llevaba tantos años excitándose con los niños
que sabía que lo seguiría haciendo siempre, tanto dentro
como fuera de la cárcel.

Así es. Si los asesinos seriales se portan bien dentro
de prisión se debe a tres factores básicos: la creencia de
que su buen comportamiento les servirá para reducir la
pena impuesta y, sobre todo, porque se les ha privado

de la oportunidad de disponer del tipo de víctimas que les excitaban y de la libertad para atacarlas. Así de simple.

Por si esto fuese poco, actualmente no existen personas realmente capacitadas para reprogramar la mente de los asesinos múltiples. Es cierto que se han escrito numerosos libros y tratados sobre la psicopatía, pero siguen faltando expertos centrados enteramente en ella. Tampoco los manuales psiquiátricos ayudan a la comprensión de sus mentes, más allá de lo habitualmente repetido. Cuando Edmund Emil Kemper III fue entrevistado por el FBI en la década de los setenta dentro de su programa de entrevistas, este dijo que su personalidad sólo sería comprendida cuando el *Manual diagnóstico y estadístico de los trastornos mentales (DSM)* alcanzase su sexta o séptima revisión. Actualmente va por la cuarta.

Y Kemper sabía perfectamente lo que decía. Tras matar a sus abuelos, como se explicó en su momento, este gigantón de más de dos metros fue ingresado en un psiquiátrico. Uno de los facultativos que le trataron lo calificó de «persona psicótica, de mente confusa e incapaz de actuar con normalidad. Tiene ideación paranoica y se está volviendo cada vez más raro. Conviene notar que es más paranoide con las mujeres, salvo con su madre, que es la verdadera culpable. Es un psicótico y un peligro para sí mismo y para los demás». Realmente Kemper no era un psicótico, sino un psicópata, y aunque su madre no se portó excesivamente bien con él durante su infancia, tampoco fue la causante de su furia homicida.

Edmund Emil Kemper III. Ninguno de los psiquiatras que le evaluaron antes de sus crímenes fue capaz de diagnosticar su alta peligrosidad.

Aun así, este psiquiatra fue el que más cerca estuvo de comprender el auténtico carácter de Kemper, porque en la siguiente institución donde recaló, el Tribunal de Menores de California, los servicios médicos negaron cualquier confusión en sus ideas. Kemper no es ni raro ni psicótico, adujeron. En el informe especial que elaboraron puede leerse que su mente no presenta «ninguna fuga de ideas, ninguna interferencia mental ni ninguna expresión de falsas creencias, alucinaciones o pensamientos raros». Increíbles conclusiones sobre alguien que unos meses más tarde disfrutaría arrancando las cabezas de la gente y durmiendo con los cadáveres putrefactos guardados en su cama o en los armarios de la casa.

Pero los fallos en la detección de su peligrosidad no acabaron aquí. Con estos informes en la mano Kemper fue internado en el hospital psiquiátrico de Atascadero. En su nueva residencia se distinguió por un carácter dócil. Ayudaba a uno de los doctores, llamado Vanasek, en sus tareas cotidianas: repartía test entre los internos, ordenaba los estantes… «Era un trabajador muy bueno, rasgo éste no característico de un psicópata», dijo el buen doctor.

Otro día se le realizó el test de Rorschach, las famosas manchas de tinta en papel sobre las que el paciente debe decir qué le sugieren a simple vista. Allí donde otros ven mariposas o mares embravecidos, Kemper veía «dos osos arremetiendo el uno contra el otro», «fauces de caimán con la boca abierta de par en par», «gasolina incendiada a lo lejos, una humareda negra que subía al cielo y se reflejaba en el agua», «una trampilla con una araña en el fondo, esperando en el agujero a un insecto». Sólo entonces el examinador lo calificó de «emocionalmente algo inmaduro y volátil. En líneas generales muestra una moderada depresión acompañada de una ansiedad generalizada. Se advierten muestras de una importante hostilidad latente». Por lo demás nada grave para él, que aprobó el reencuentro con su madre. «No veo ninguna razón psiquiátrica para considerarlo un peligro para sí mismo ni para ningún otro miembro de la sociedad. Su manera de conducir motos y coches sería más una amenaza para su propia vida y salud que para cualquier otra persona», así terminaba el informe.

Sólo cuando fue detenido en 1973 por matar a 11 personas, a las que decapitó y descuartizó, el nuevo psiquiatra que lo examinó lo calificó de «maníaco sexual, ciertamente en mayor grado que cualquier otra persona que yo haya visto en mi trabajo con problemas sexuales y criminales en los últimos veinte años». El cambio de percepción entre ambos psiquiatras se debió más a los asesinatos cometidos que a la nueva entrevista realizada al propio Kemper, capaz de seguir engañando a sus interlocutores.

Además, aunque existiesen políticas de reinserción eficaces y material psiquiátrico competente, ¿querrían los psicópatas participar sinceramente en esos programas? Y, ¿cómo sabríamos que han funcionado antes de que se les pusiese en libertad? El problema es múltiple se mire por donde se mire y quizá por todas las razones esgrimidas expertos capacitados para hablar sobre el tema, como el tan mencionado Robert Ressler, crean que la prisión es actualmente la única alternativa

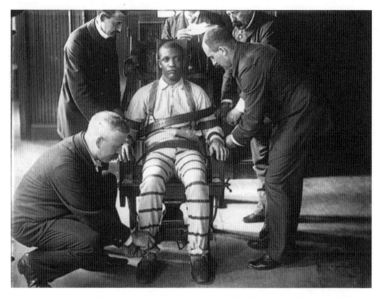

Reo a punto de ser ajusticiado en la silla eléctrica. La pena de muerte no ha hecho descender el número de asesinos seriales en los países donde sigue vigente.

posible para evitar que vuelvan a matar *(Dentro del Monstruo)*:

> No hay ninguna posibilidad de rehabilitarlos porque sus fantasías no se pueden borrar ni alterar. Por lo general, de esto se deriva que el único camino es apartarlos definitivamente de la sociedad y recluirlos en la cárcel o en una institución psiquiátrica segura, sin perspectivas de rehabilitación o de obtener la libertad incondicional.

LAS VÍCTIMAS

5

VÍCTIMAS

Las grandes olvidadas

«Todos somos humanos, pero los inocentes merecen más que los culpables», esta es una de las estupendas frases que aparecen en el libro *Cazadores de humanos* (Alba editorial, 2005) del profesor de Antropología en la Memorial University de St. John´s, Elliott Leyton. Y estoy plenamente de acuerdo con ella.

Históricamente las víctimas han sido consideradas esa parte inherente al mundo del crimen de las que nadie se ocupaba por pensar que los esfuerzos debían encaminarse exclusivamente a combatir a los criminales. Las estadísticas sobre asesinos seriales anteriores a los años noventa están plagados de cifras, números, relativos al número de muertes que dejaron tras de sí, pero apenas nos encontramos con nombres asociados a ellas. Porque de sus víctimas apenas se decía nada. En mayor parte procedían de Estados Unidos, ya que ha sido este el país que con mayor fuerza y constancia se ha centrado en el estudio del asesino serial. También es el que lo está sufriendo con mayor incidencia.

En las recreaciones televisivas que se hacen en diversas cadenas de los asesinatos más terroríficos de Norteamérica los absolutos protagonistas son siempre los criminales. Las víctimas pasan a un tercer plano y parecen ser más un producto del atrezo que la parte donde realmente debe basarse la historia. No es extraño así que, como decíamos al final del capítulo anterior, se ensalce a los criminales hasta presentarlos como modelos de conducta juvenil, como rebeldes ante una sociedad que quería imponerles sus reglas. ¡Qué más quisieran ellos!

«En Estados Unidos los asesinos son más valorados y ciertamente más admirados que sus víctimas», escribió Clancy Sigal. Totalmente cierto. El siglo XX se inició en ese país con un presidente, Theodor Roosevelt, aconsejando a sus compatriotas «llevar siempre un buen palo» y se cerró con unos héroes cinematográficos más cercanos al mundo paramilitar que al policial. Y mientras, ¿dónde quedan las víctimas? Olvidadas, por supuesto.

En España hemos vivido una situación similar con el terrorismo de ETA. Durante años la atención se focalizó exclusivamente en los miembros de la banda y apenas se hablaba de sus víctimas. Claro que se mencionaba sus nombres en los telediarios y en los periódicos, pero su memoria se perdía al día siguiente, con el siguiente atentado. Reconocer a las víctimas no es sólo mencionarlas. También es cuidarlas, estudiar su desarrollo como personas una vez han sido golpeadas por la violencia, recordarlas periódicamente. La historia no debería medirse desde el lado de la violencia, sino desde las consecuencias de esa violencia. No debería decirse que Ted Bundy asesinó a 22 mujeres, sino que 22 muje-

Von Hentig, criminólogo y primer estudioso del fenómeno de las víctimas en las agresiones que trató en su obra de 1948 *The criminal and his victim.*

res fueron asesinadas por un criminal furioso y antisocial como era Ted Bundy.

La primera obra que realmente trató en profundidad el mundo de las víctimas fue *The criminal and his victim* (1948). Su autor, Von Hentig, pretendía con aquellas páginas aportar a la criminología tradicional una visión más amplia gracias al tratamiento de los dos elementos intrínsecos en la «pareja criminal»: el criminal y su víctima. Quedaba así rota la tendencia iniciada por el criminólogo y médico italiano Cesare Lombroso con su libro *El hombre delincuente* (1889), en la que únicamente el criminal parecía ser objeto de estudio por los profesionales.

La propuesta de Von Hentig fue bien acogida en el ámbito académico, pero no seguida masivamente. Hay que pensar que hasta entonces pocos o ningún estudio existía sobre el mundo victimario, por lo que tampoco era fácil proseguir con una senda recién abierta, pero algunos lo intentaron y poco a poco los investigadores dividieron esfuerzos en su estudio. Fruto de ello fue el simposio sobre el tema celebrado en Jerusalén en 1973, donde se concretó la definición de victimología como la ciencia multidisciplinar que se ocupa del conocimiento relativo a los procesos de victimación y desvictimación. Dicho de un modo más claro, del conocimiento del modo en que una persona deviene en víctima, de las diversas dimensiones de la victimación y de las estrategias de prevención y reducción de la misma, así como del conjunto de respuestas sociales, jurídicas y asistenciales, tendentes a la reparación y reintegración social de la víctima. O aún más claramente, la victimología se ocupa de las víctimas de hechos delictivos.

Lo más interesante de este campo de estudio es que sus conclusiones son universales, ya que todos los que en este instante estamos leyendo estas líneas hemos sido víctimas en alguna ocasión, ya sea de un robo, de una agresión física o verbal, de un atropello o de cualquier otra manifestación criminal. Y si consideran que ustedes no pueden ser tachados de víctimas, basta con leer los estatutos de la Sociedad Española de Victimología para confirmarlo: «Se entiende principalmente por víctima, a los efectos de la delimitación de las actividades de la sociedad, toda persona que haya sufrido personalmente, de modo directo o indirecto, las consecuencias de un hecho delictivo, haya sido declarada formalmente o no como tal la existencia del mismo por parte de un órgano jurisdiccional. En un sentido más extenso también son consideradas víctimas las personas que hayan sufrido los efectos de la guerra, enfrentamiento armado, catástrofe natural o accidente».

Lo que la sociedad nos está diciendo es que para ser considerados víctimas el único requisito imprescindible es haber sufrido directa o indirectamente las consecuencias de un delito, sin importar cuál sea este y sin la obligación de que haya una sentencia judicial que así lo reconozca. La idea que subyace de fondo en esta definición es lograr que las instituciones no sólo empeñen su fuerza en ocuparse del delincuente, sino que también lo hagan de sus víctimas.

Refiriéndonos a nuestro país, en las últimas décadas las cárceles españolas han experimentado grandes mejoras. Los presos disponen de celdas con espacio, televisión propia, la comida cumple los controles sanitarios, existen talleres de formación, hay servicio de bibliotecas, están desterrados los trabajos forzosos. Logros acorde con un Estado social, pero la asignatura pendiente siguen siendo las víctimas de quienes están encerrados. Porque no todas tienen tratamientos psicológicos pagados por la administración, como sí poseen los presos; porque a ellas no se les respeta siempre su derecho a la privacidad, como sucede con los presos y por otras muchas cuestiones semejantes.

No quiero decir que los presos deban ver disminuidos sus derechos, sino que los de las víctimas deben aumentar, algo que hasta ahora sólo ha sucedido tímidamente en estas últimas décadas, con reconocimientos, homenajes y la aprobación de pagas estatales. Y esto sólo con las víctimas del terrorismo y las de la Guerra Civil. Perfecto, pero ¿qué sucede con las víctimas de violaciones, con las madres y padres de hijos asesinados, con los hijos de padres asesinados, con aquellos familiares de desaparecidos? ¿Acaso ellos no tienen el mismo derecho a un reconocimiento público? ¿Acaso su dolor es menor que el del resto? Por supuesto que no. Sólo hace falta valentía para atacar esta cuestión y subsanar una injusticia histórica.

Con este capítulo y el siguiente pretendo acercarnos algo al mundo victimario, para comprender el sufrimiento de estas personas ante los ataques de asesinos o violadores seriales y humanizar, aunque sea en unas pocas líneas, todos los relatos de horror que he ido desgranando hasta ahora.

Tipos de víctimas

Como en todos los ámbitos de la vida, en el de la victimología también existen diversas clasificaciones que ayudan a comprender mejor sus fundamentos. La primera y más importante es la siguiente:

- *Víctimas directas*: son aquellas personas que han recibido el hecho delictivo.
- *Víctimas indirectas*: las que, sin haber sufrido de modo inmediato el delito o acontecimiento traumático, han padecido personalmente las consecuencias que el mismo ha tenido en una persona allegada.

Como fenómeno social que es, una agresión no sólo genera consecuencias en la persona que la sufre directamente, sino en todo su entorno y en la sociedad en última instancia.

Siguiendo este esquema, los desaparecidos durante la dictadura argentina deberían ser considerados víctimas directas y las madres que aún continúan manifestándose en la Plaza de Mayo víctimas indirectas. La dificultad reside en delimitar el alcance de las víctimas indirectas: ¿se ciñe exclusivamente a los ascendientes y descendientes de la víctima directa o afecta a familiares de otros grados de parentesco? ¿Sólo pueden ser considerados víctimas los familiares o también los amigos? Este es el dilema por el que las administraciones públicas intentan no tocar el

173

tema de las víctimas. ¿Hasta dónde deben llegar las compensaciones económicas e institucionales?

Una segunda clasificación es la que distingue entre:

- *Victimación primaria*: es el proceso por el que una persona sufre directa o indirectamente daños físicos o psíquicos derivados de un hecho delictivo o acontecimiento traumático. En un asalto con arma blanca esos daños son los posibles cortes y heridas que pueda recibir la persona asaltada, más el miedo y el trauma que el episodio genere en su mente.
- *Victimación secundaria:* lo conforma el conjunto de costes personales que tiene para la víctima del hecho delictivo intervenir en un proceso penal donde se enjuicie el episodio vivido. Aquí entra el dolor que supone revivir lo acontecido en los interrogatorios policiales y en los propios del juicio posterior, el sometimiento a exploraciones médicas, el contacto con el agresor en la sala penal, rememorar constantemente la vivencia a través de los medios de comunicación, la posible incomprensión que pueda llegar desde diversos ámbitos…
  Ciertamente no es nada agradable pasar por estos trámites. Los juicios son momentos especialmente duros porque la víctima debe rememorar el horror sufrido con todo detalle. La situación se agrava por la lentitud de la Justicia. Si el juicio se celebrase acto seguido a la detención del acusado no se generaría tanto dolor como cuando este se desarrolla años después del episodio. Entonces la víctima, que quizás aún siga en terapia para superar las cicatrices psicológicas del trauma

Aunque absolutamente necesarios, los juicios suponen la prolongación del sufrimiento para casi todas las víctimas de delitos violentos.

originado, debe rememorar los hechos y enfrentarse a sus fantasmas en un instante en el que lucha precisamente por erradicarlos de su mente.

Por si esto fuera poco, en ese juicio el abogado defensor del acusado pondrá en entredicho partes de su declaración, acrecentando un sentimiento de incomprensión e injusticia que seguramente la víctima llevará tiempo experimentando. Mientras escribo estas líneas los medios de comunicación hablan del matrimonio formado por Juan Ramírez y Roser Reverté. El 22 de julio de 2008 su hijo David fue atropellado mortalmente por un camión en la N-340, cerca de la localidad familiar de Alcanar, en Cataluña. En el juicio que se celebró por esta muerte la juez absolvió al camionero por considerar que fue la víctima quien «irrumpió en la calzada sin hacerlo por el lugar habilitado para ello y sin llevar el vestuario reflectante».

Agotada la vía penal, la familia sopesó actuar por vía civil, ya que el propio camionero reconoció que después del atropello llamó primero a su jefe para contarle lo sucedido y que sólo unos minutos después, se habla de hasta veinte, lo hizo al servicio de urgencias. Por si esto fuese poco, el hermano de la víctima, que esperaba un tratamiento con células madre que sólo el difunto podía donarle, murió seis meses después de la enfermedad que le aquejaba.

Un episodio terrible que la familia tuvo que rememorar en el juicio y que ahora se ha acrecentado tras recibir una carta enviada por la empresa propietaria del camión, en la que se le reclaman 4.700 euros de indemnización por los daños que el vehículo sufrió en el atropello. La empresa se basa en la sentencia que exime al conductor del camión de toda responsabilidad penal en el atropello.

Sin indagar en la licitud o ilicitud de esta reclamación –la moralidad es otra cuestión–, es obvio que la familia ha sido doblemente golpeada por una tragedia que parece no tener fin y que ahora regresa al ámbito judicial.

- *Victimación terciaria:* lo conforma el conjunto de costes que genera la penalización sobre el interno o sobre terceros. La visión se centra exclusivamente en el reo una vez ha sido encarcelado y habla de la ansiedad que genera su internamiento en prisión, del impacto que este produce en familiares que dependían económicamente de él o del rechazo social al que son sometidos, de los posibles hijos menores que se quedan sin un progenitor…

Ya vemos que el mundo de las víctimas es mucho más amplio de lo tradicionalmente percibido. Y es que un delito no afecta únicamente al agresor y a su «presa», también a los familiares y amigos de cada uno de ellos. Siempre tendemos a pensar en el dolor que deben experimentar los padres de alguien que ha sido asesinado, pero ¿y los padres del agresor? Tampoco debe ser fácil vivir con un hijo en prisión condenado por asesinato.

Pero no acaban aquí las consecuencias. Los daños que produce el delito se perpetúan en el tiempo y aumentan de la misma manera que cuando lanzamos una piedra en el agua. Lo primero que vemos es un salpicón de agua saliendo de la zona del impacto y luego círculos concéntricos, cada uno más amplio que el anterior. Ese chapoteo inicial es la agresión primigenia y cada círculo concéntrico el modo en el que esa agresión va afectando al entorno de la pareja criminal. El primer círculo es la víctima propiamente dicha, el segundo las familias de los protagonistas, el tercero los amigos, el cuarto los conocidos… Así hasta llegar al último que podría ser la sociedad, porque el delito nos afecta a todos de un modo u otro.

En el capítulo anterior hablábamos de la cultura de la violencia, pero junto a ella existe otra más desconocida y que no es sino su consecuencia directa: la cultura del miedo. Tenemos miedo a caminar por algunas zonas de nuestras ciudades, miedo a mirar a los ojos a determinadas personas, miedo a volver a casa de noche, miedo a que nos roben mientras dormimos. Un miedo producto precisamente de la violencia que vemos a nuestro alrededor o de la que nos muestran los medios de comunicación. Por ello asombra que hayan sido los criminales quienes se hayan llevado casi toda la atención hasta fechas muy recientes.

Para subsanar esta deuda histórica en la medida de lo posible la Asamblea General de las Naciones Unidas aprobó en 1985 la Declaración de los derechos de las víctimas del delito y del abuso de poder. He aquí algunos de ellos:

- *El derecho a la información:* toda víctima tiene derecho a ser informada por parte de los servicios públicos respecto al proceso penal y los recursos y prestaciones a que tiene derecho. Los juristas saben perfectamente que la información es poder y no desean que las víctimas queden desamparadas en su camino para la búsqueda de Justicia.

- *El derecho a la protección:* es obligación de las instituciones y de los órganos competentes adoptar medidas dirigidas a minimizar el impacto que el proceso judicial y policial ejercerá sobre la víctima. Este derecho incluye velar por su seguridad frente a amenazas o represalias futuras por parte del entorno del acusado.

- *El derecho de participación:* la víctima tiene la facultad de ser oída en determinados casos y de utilizar los caminos disponibles en el Derecho para hacer efectivas sus reclamaciones. Lo que se intenta es que la víctima se sienta comprendida, que no se vea como un sujeto excluido o alejado de las instituciones creadas precisamente para su cuidado.

- *El derecho a la asistencia:* tras una agresión, las personas que lo han sufrido tienen el derecho a recibir asistencia médica, psicológica y, si fuese necesario, psiquiátrica. Aquí entran programas de apoyo social canalizados por oficinas públicas o privadas y aquellos diseñados por organizaciones no gubernamentales. Pero la asistencia no es únicamente médica, también jurídica. El único punto discordante es cuándo finaliza el derecho a disfrutar de estas coberturas. ¿Sólo una vez sufrida la agresión o hasta que la persona se sienta recuperada y totalmente reintegrada en la sociedad?

- *El derecho a la reparación:* seguramente el punto más conflictivo de todos porque, ¿cómo se devuelve el daño sufrido? ¿Dónde está el punto de resarcimiento? De momento este derecho contempla la reparación del daño causado y la compensación económica derivada de la responsabilidad civil del acusado o de las personas a su cuidado. En un intento de responder a las preguntas planteadas, la Justicia también contempla la imposición de medidas encaminadas a lograr la satisfacción moral del agraviado.

EL DOLOR DE LAS VÍCTIMAS

Tras esta breve introducción para comprender algo el mundo en el que se mueven las víctimas de agresiones en general y de las que son atacadas por asesinos seriales en particular, vamos a centrarnos en las consecuencias que produce un ataque sexual en una mujer y las secuelas psicológicas que le originan.

Escojo la agresión sexual por ser la mayoritaria en el campo de los asesinos seriales, como ya se ha venido comentando, y porque las secuelas que perduran en sus víctimas son extrapolables a las víctimas de otros delitos. Secuelas como el estrés, la desconfianza hacia desconocidos o el sentimiento de humillación. Creo que este será un buen ejercicio para comprender el sentir de las víctimas, para despojar totalmente la imagen de los asesinos seriales como héroes y para humanizar y personalizar un poco más los relatos que hemos ido leyendo en este libro hasta el punto presente.

Una agresión sexual, sea con violencia física o simplemente con coacción, es un episodio vivido por la víctima como un atentado, no contra su sexo, sino contra su integridad física y psicológica. La mujer que la sufre se siente traicionada, humillada. La seguridad que antes le acompañaba desaparece y el mundo ya no le parece un lugar agradable, sino hostil.

El grado de violencia física o psíquica que el agresor haya desplegado sobre ella definirá el mayor o menor sufrimiento que esta persona sienta y también el tiempo que tardará en recuperar su confianza. No es lo mismo una agresión sexual en la que haya habido penetración que otra en la que no se haya producido y tampoco una agresión sexual donde la víctima haya sido golpeada que otra en la que no. Generalmente las agresiones de este tipo llevan aparejadas violencia física y únicamente las excepcionalmente bien planificadas no la incluyen.

Cuando un agresor ataca a su víctima, el instinto de supervivencia de esta le hace enfrentarse al atacante, revolverse en un intento de escape. Los asesinos y violadores seriales lo saben perfectamente, y ese es el motivo por el que idean mil tretas para conseguir el sometimiento de la víctima. Lo que les excita no es que la persona se resista, sino controlarla para cumplir su fantasía tal y como esta se presenta en sus mentes. Aun así, las víctimas casi siempre tienen un resquicio para la lucha y en ella lo más común es que se les infrinjan heridas calificadas como defensivas en brazos, parte superior de los muslos, ambos lados de las caderas. Junto a ellas aparecen otras producidas para acallar los gritos, arañazos en la boca, en el cuello, en la nariz... El resto de lesiones viene producidas por la conducta sádica del agresor: marcas de azotes, quemaduras, amputaciones, cortes...

Por el contrario, otro tipo de víctimas responden a la agresión con pasividad. Ambos casos, defensa y pasividad, son reacciones instintivas que el cuerpo despliega ante una situación peligrosa. Salvando las distancias, lo mismo sucede cuando observamos un coche que está a punto de atropellarnos. Unas personas tienden a apartarse y otras se quedan inmóviles. Esta pasividad no debe entenderse como resignación, ya que lo que el cuerpo intenta es provocar que sea el agente del peligro el que desista de su actitud enviándole un mensaje muy claro: no soy tu víctima.

Nadie sabe cuál de estas dos reacciones desplegará ante una situación como las descritas, pudiendo alternarse una u otra dependiendo del peligro que nos aceche. Como digo, nos movemos en el campo de los instintos.

Toda agresión provoca consecuencias en la víctima, con más intensidad cuanto mayor sea su vulnerabilidad psicológica.

Al margen de las heridas físicas, las víctimas de agresiones sexuales sufren otras más profundas y duraderas que afectan a su equilibrio emocional.

A corto plazo suelen ser habituales quejas físicas sin fundamento, alteraciones del sueño, desánimo, ansiedad, tendencia al aislamiento. La persona se siente descolocada y el mundo a su alrededor tambalea. La mente no ha sido aún capaz de procesar lo sucedido y sigue existiendo dificultad para retomar la vida que se llevaba antes de la agresión.

A medio plazo estos síntomas descritos derivan en depresión y en pérdida de autoestima. La víctima tiene cada vez más dificultades para relacionarse socialmente, pierde el gusto por cosas que antes le motivaban y surgen temores inexistentes hasta entonces o se agravan los que ya presentaba, como miedo a la oscuridad, a la soledad, a la visita de desconocidos... Todo dependerá de las circunstancias en las que sucedió la agresión. Si esta se produjo en un portal habrá animadversión hacia ellos y lo mismo si transcurrió durante la noche, en una zona descampada... Su vida cotidiana sigue funcionando, pero con limitaciones como las descritas. Además, su respuesta ante situaciones de peligro es exagerada y las noches suelen ser experiencias negativas, con pesadillas recurrentes y dificultades para conciliar el sueño.

A largo plazo lo que predomina es la irritabilidad, la desconfianza, las disfunciones sexuales... La capacidad para disfrutar de la vida va disminuyendo y ello conlleva tensiones familiares y de amistad. La víctima rehúye situaciones potencialmente atractivas, como una cena fuera de casa, un viaje o una noche de teatro.

El grado de intensidad en estas consecuencias depende mucho de la fortaleza psicológica que la víctima presentaba antes de ser agredida. Los psicólogos y psiquiatras siempre tienden a evaluar la intensidad de los síntomas en los primeros días posteriores a la agresión, ya que ello permitirá predecir en buena medida cómo responderá la persona a las terapias futuras y cuál será la gravedad del problema a largo plazo. Y no sólo depende de la fortaleza psicológica, también de la edad. La mayoría de las víctimas de agresiones sexuales se mueven entre los 16 y los 30 años. En general, cuanto menor sea su edad, mayor es la reacción psicológica. Especialmente crítica es la franja 16-22 años, porque es el momento en el que la persona comienza a tener sus primeras relaciones afectivas y sexuales.

Otros factores a tener en cuenta son la cultura sexual recibida y su experiencia en esta materia, el posible grado de parentesco entre la víctima y su agresor, la reacción de los familiares...

Una constante en todas las víctimas, sea cual sea su edad y formación, es la aparición de sentimientos de culpa. La víctima puede sentir culpa por su actuación antes de la agresión –por no haber detectado el peligro, por haberse puesto en riesgo innecesariamente–, durante la agresión –por lo que pudo haber hecho para resistirse y no hizo–, y después de la agresión –por amargar la vida a sus familiares, no ser la de antes aunque lo desee...–.

Por si todo esto fuese poco debe enfrentarse a los prejuicios sociales, con frases como «una mujer no puede ser violada si no se deja» y a la crueldad machista, «seguro que disfrutó», «no fue para tanto», «se lo estaba buscando». Me viene a la memoria la sentencia de aquel juez que exoneró a un violador, aduciendo que al tener la víctima los pantalones bajados se constataba consentimiento previo ya que, según él, el agresor no pudo haberle bajado unos vaqueros sin la ayuda de la mujer.

Este tipo de sentencias o esta forma de entender la Justicia, como se prefiera ver, son realmente perjudiciales porque generan una desconfianza tremenda en las víctimas y una legitimación para que los delincuentes sigan actuando. Y entroncan perfectamente con la llamada victimización secundaria o relación que la víctima establece con el sistema jurídico penal en su intento de lograr el resarcimiento de los daños causados.

Durante un juicio la víctima debe enfrentarse a una reedición de aquel instante que tanto dolor le supuso.

Como factor social que es, la violencia afecta a personas de todas las escalas sociales y de todas las edades.

Debe repetir cómo vivió la agresión con todo detalle, debe soportar las preguntas insidiosas y faltas de tacto de los abogados, contemplar una vez más a su agresor, aguantar las mentiras que este pueda exponer en su defensa, someterse a exploraciones médicas solicitadas por ambas partes, responder a cuestiones sobre su modo de vida y otros aspectos tremendamente íntimos que en circunstancias normales no compartiría con nadie… Nuevamente es la fortaleza psicológica de la víctima la que motivará o no que recaiga en conductas estresantes que creía ya superadas.

Personalmente creo que se podría hacer mucho más para reducir el impacto de estas situaciones como la imposibilidad de que víctima y acusado se vean las caras durante el juicio, la coordinación entre defensa y acusación para evitar testimonios y declaraciones repetitivas, exámenes médicos únicos, sensibilidad a la hora de formular determinadas cuestiones... No digo que no se estén dando pasos en este camino, pero aún nos falta mucho por hacer y será tarea de los profesionales de la judicatura acelerar esta transformación hacia una mayor humanización de la Justicia.

6

EL SIGNIFICADO DE LA VÍCTIMA PARA EL ASESINO

El sentido de la sinrazón

Según una estadística publicada en Estados Unidos en 2005 los hombres negros tenían un 1/21 probabilidades de ser víctimas de un homicidio en ese país, las mujeres negras un 1/104, los hombres blancos 1/131 y las mujeres blancas 1/369. Esto en cuanto a los homicidios, en lo relativo a la probabilidad de ser víctimas de un asesino serial los resultados cambian radicalmente y son las mujeres blancas las que ocupan el primer lugar en la lista y los hombres negros el último. Ya hemos dicho que los asesinos seriales son una categoría aparte y que en ellos no rigen los estudios efectuados sobre asesinos únicos.

Por lo común, estos criminales prefieren centrarse en un tipo muy concreto de víctima. No hay una categoría común. A veces son prostitutas, otras adolescentes, otras estudiantes, mujeres maduras, niños, chicos jóvenes… El inconveniente llega si se cree que esta es una norma inamovible. Si eso sucede puede que la policía no sea capaz de relacionar varios asesinatos entre sí, simplemente porque las víctimas proceden de estratos sociales diferentes y su raza no es la misma.

En Estados Unidos sucedió con los francotiradores de Washington, que lograron despistar a la policía sobre su número real y raza, aunque los crímenes fueron rápidamente interconectados porque respondían a un mismo *modus operandi*. En España, sin embargo, hubo un caso que despistó completamente a las fuerzas del orden desde el inicio, lo que motivó un retraso fatal en la investigación, ya que cuanto más tiempo tarda el asesino serial en ser detenido, más crece su lista de víctimas.

Es de noche en Madrid. La ciudad termina su jornada diaria y poco a poco las calles van quedando vacías. De repente se escucha un disparo en la calle de Alonso Cano. Un hombre ha sido tiroteado. Se trata del portero Juan Francisco Ledesma, muerto por una bala disparada a su cabeza. La policía tiene muy pocas pistas sobre las que trabajar porque no hay huellas en la escena. El hijo pequeño del difunto ha sido testigo de la agresión, pero es incapaz de facilitar una descripción del asesino. La policía trabaja sobre varias hipótesis, intento de robo, ajuste de cuentas, venganza… Los periódicos recogen la noticia, pero en estos primeros instantes es impensable que alguien hable de un asesino serial actuando en Madrid. La capital no es una ciudad excesivamente peligrosa, pero tampoco ajena al homicidio.

Dos semanas después del incidente, el 5 de febrero, Juan Carlos Martín Estacio muere entre las 4.00 y las 5.00 de la mañana de un disparo en la cabeza en una parada de autobús de la Alameda de Osuna. La policía acordona la zona y rastreando la escena encuentra una carta de la baraja española, el as de copas. Los investigadores creen que puede haberla dejado el asesino –*firma*–, pero realmente esta se encontraba allí por casualidad.

El mismo día que sucede esta muerte, otra llamada alerta sobre un tiroteo ocurrido hacia las 16.30 de la tarde en el bar Rojas, en Alcalá de Henares. Hay tres cuerpos sin vida. La dueña del local, su hijo y una cliente. La última recibió un disparo en la cabeza mientras hablaba por teléfono.

Los detectives siguen sin relacionar las cinco muertes entre sí. Las víctimas son personas de físicos muy diferentes, trabajan en sectores diferentes, pertenecen a clases diferentes, con edades y sexos diferentes y los lugares en los que han aparecido sus cuerpos también son diferentes. Lo único que les une es haber muerto por disparos. Además, ¿qué asesino en serie actúa dos veces el mismo día y en localidades tan distantes entre sí?

El enigma comienza a aclararse el 7 de marzo, cuando un hombre ataca a una pareja de ecuatorianos en la localidad de Tres Cantos. Ellos salvan la vida, pero en la escena aparece una carta, el dos de copas. Esta carta permite a la policía relacionar el asalto con la muerte de Juan Carlos Martín Estacio, pero no con el resto de víctimas, ya que allí no apareció ningún naipe. Además, el hecho de que sea un dos de copas indica claramente que el agresor sólo ha actuado dos veces. Eso es lo que piensan, pero están equivocados. Como más tarde explicaría el asesino, en su mente jamás estuvo la idea de depositar cartas junto a los cuerpos. Eso surgió porque los periódicos informaron del hallazgo de un as de copas junto a la segunda de sus víctimas y él consideró divertido seguir el juego.

En lo que no yerran es en la necesidad de actuar con rapidez. Un dos de copas indica que habrá un tres y un cuatro y un cinco…

Efectivamente, once días después el matrimonio rumano formado por George y Donia Magda es tiroteado y asesinado en Arganda del Rey. Junto a sus cuerpos, un tres de copas. La policía va uniendo cabos y cobra fuerza la teoría de un asesino xenófobo. Es entonces cuando se produce un avance sustancial. Las pruebas de balística demuestran que todos estos crímenes han sido efectuados con una pistola Tokarev. Aun así los investigadores siguen resistiéndose a la hipótesis de un asesino serial y comentan la posibilidad de que la pistola sea utilizada por varios asesinos diferentes. Cuando todos esperan el siguiente asesinato, un chico de 25 años de edad entra en la comisaría de la Policía Local de Puertollano y confiesa ser el autor de las agresiones.

¿Quién es este personaje? Su nombre es Alfredo Galán, natural de Puertollano y antiguo militar del Ejército español, ex veterano de Bosnia y actual guardia jurado. Su historial comprende numerosos episodios de violencia y desórdenes psíquicos que han motivado recientemente su expulsión del Ejército y la denegación de entrada en la Guardia Civil. ¿Quiere esto decir que Galán está loco? De ninguna forma. En el posterior inte-

Alfredo Galán, *el Asesino de la baraja.* Sus crímenes sorprendieron por lo aleatorio en la elección de sus víctimas.

rrogatorio el detenido dice frases como que «mataba por matar», «se me ocurre y ya está... Estoy sentado frente a la tele, se me ocurre y...». Sus actos no hablan de una persona psicótica, sino de alguien organizado. Su *modus operandi* consiste en conducir su coche hasta una zona previamente pensada. Allí busca a una víctima vulnerable, la elige, detiene el coche, se baja y le dispara en la cabeza. No se asegura que haya muerto o no, simplemente dispara.

Sus asesinatos no tienen sadismo ni hay ánimo de lucro. Galán sólo mata por el placer de experimentar control sobre la vida de los demás, sobre su vida y sobre la actuación de la policía, que nunca fue capaz de inquietarle. ¿Por qué se entregó entonces? El profesor Vicente Garrido, que siguió exhaustivamente todo el proceso, aporta dos teorías.

La primera, porque sin la entrega no había reconocimiento público a sus actos. Los diarios sólo hablaban del *Asesino de la baraja*, pero nada más se sabía sobre el criminal. La segunda teoría habla de que Galán se encontraba mentalmente cansado. La policía ya había relacionado todos los crímenes a través del arma empleada y sólo era cuestión de tiempo que fuese capturado.

Galán es por todo esto la perfecta antítesis a la norma antes descrita de que los asesinos seriales buscan a sus víctimas entre un grupo muy concreto. Kemper soñaba con matar a «niñas pijas» porque, como comentó, «a mí no me interesaban las pequeñas *hippies* harapientas y sucias. Eso habría sido fácil. Yo destruía únicamente a las chicas más exquisitas de la sociedad». A Christopher Wilder, el falso fotógrafo, le gustaba acechar a las que tuviesen pinta de modelos o famosas y Ted Bundy a mujeres que se acercasen a la imagen que él tenía de la clase alta. «No tenían que ser estereotipos necesariamente. Pero sí razonables facsímiles de la mujer como clase. No una clase de mujeres *per se*, sino una clase que casi ha sido creada mediante la mitología de la mujer y del modo en que son utilizadas como objetos. Los criterios se basarían en los patrones de la mujer atractiva aceptados por el grupo», fue su explicación.

Lo que estos individuos consiguen con restar la individualidad de una persona y encuadrarla en un grupo es deshumanizarla, verla como un objeto carente de sentimientos. Ellos matan un reflejo, un mito, no una persona en toda su dimensión. Como bien apunta Robert Ressler con algo de truculencia, los médicos forenses suelen asombrarse de la precisión con la que el asesino disecciona o desmiembra sus cadáveres. Tanto se sorprenden que llegan a preguntarse si

Los asesinos seriales tienden a buscar sus víctimas entre las clases más vulnerables, casi siempre mujeres y a menudo salidas del mundo de la prostitución.

cursaron estudios de Medicina o de Anatomía humana. La respuesta es más sencilla. Los asesinos seriales son tan buenos en esos quehaceres porque no tienen la sensación de estar desmembrando un cuerpo humano. La indiferencia que les domina es tanta que en esas situaciones les daría igual cortar un brazo, un bizcocho o una barra de pan.

En otras ocasiones las víctimas elegidas no responden a razones de gusto personal, sino de oportunidad. En este sentido son las prostitutas las más vulnerables. Las ventajas que presentan para los asesinos seriales son su imagen puramente carnal, la facilidad con la que entran en contacto con desconocidos, los lugares solitarios que frecuentan, el gran número de hombres con los que trabajan y las escasas reclamaciones que se tramitan cuando una de ellas desaparece.

Por cierto, la escasez de denuncias por ataques sexuales afecta a casi todas las mujeres. Actualmente se sitúa en torno al 20-40% del total de las agresiones sexuales, otorgando carta blanca a que sus autores sigan con sus vidas normalmente. La cifra es aún más escalofriante cuando se constata que el 15-20% de las mujeres ha sufrido al menos una agresión sexual a lo largo de su vida. ¿Por qué no se denuncia más? Según las propias agredidas por temor a la vergüenza pública, por la poca confianza en la Justicia, por el deseo de regresar a su vida cotidiana lo antes posible, por miedo a no ser creída o a la posible venganza del agresor.

| VERDADES Y MENTIRAS SOBRE LAS AGRESIONES SEXUALES | |
FALSO	VERDADERO
- Las personas son violadas normalmente por personas desconocidas. - Los medios de comunicación exageran sobre la frecuencia de las agresiones. - Las agresiones suelen ocurrir en lugares oscuros y descampados. - Las agresiones sexuales son un producto de barrios marginales y de clase baja. - Los agresores sexuales se delatan por su aspecto o conducta.	- En la mitad de las agresiones, la víctima conoce a su agresor. - Sólo de dos a cuatro de cada diez agresiones se denuncian. - La mayoría de los ataques suceden en lugares donde la víctima desarrolla su vida. - Las agresiones sexuales afectan a mujeres de cualquier edad y clase social. - Los agresores sexuales pueden ser personas «respetables» de la sociedad.

EN LA PREVENCIÓN ESTÁ LA CLAVE

No me gustaría que se llevasen la impresión de que los asesinos seriales son seres invencibles, de que una vez han elegido a su víctima ésta ya no tiene escapatoria. Eso es lo que nos hace creer el cine con películas como *Seven* o *El coleccionista de huesos*. La

Escena de la película *Seven*, donde se presenta a los asesinos seriales como seres sumamente inteligentes e invencibles, nada más lejos de la verdad.

verdad discurre por otro camino y nos habla de que durante sus actuaciones los asesinos seriales debieron enfrentarse a víctimas que se resistieron y lograron huir, a otras que les denunciaron, a algunas que sospecharon de la trampa que se tejía a su alrededor y optaron por escapar inmediatamente.

Las narraciones tienden a desprenderse de estos episodios y centrarse únicamente en los asesinatos consumados, pero a poco que escarbemos nos toparemos con nombres que ponen en entredicho la supuesta invulnerabilidad de los asesinos seriales. Nombres como el de Ted Bundy, quien tuvo que soportar en más de una ocasión que chicas a las que él intentaba engañar con su ardid del brazo escayolado pasasen de largo, simplemente por no fiarse de él, o el de Albert DeSalvo, *el Estrangulador de Boston*, a quien los gritos de alguna de sus víctimas le hicieron huir precipitadamente, y sin olvidarnos de Aileen Wuornos, incapaz de conseguir que la gran mayoría de conductores a los que hacía autostop parasen ante ella.

¿Dónde está la clave para evitar estas situaciones de riesgo? Los expertos hablan de tres tipos de prevención:

- *Prevención primaria:* dirigida a mejorar las condiciones de seguridad de una comunidad.
- *Prevención secundaria:* centrada en las víctimas potenciales, especialmente entre los colectivos más vulnerables, adoptando estrategias de autoprotección y reducción de riesgos.
- *Prevención terciaria:* trabajando sobre quienes ya han sido víctimas, para evitar que vuelvan a serlo.

El gran dilema en esta materia es que, si bien las víctimas en potencia quieren ser protegidas por el Estado y los organismos policiales, no aceptarán recomendaciones que restrinjan demasiado su libertad y que les creen la sensación de que, si no las cumplen, ellas serán las culpables en una posible agresión.

Es lo que sucede con los consejos encaminados a evitar agresiones sexuales, como que las mujeres vayan siempre acompañadas, no salgan de noche y, principalmente, que no queden con extraños. Yo creo que hay parte de razón en la postura de las posibles víctimas, que no entienden por qué son ellas quienes deben ver recortados

Actualmente se calcula que el 15-20% de las mujeres ha sufrido al menos una agresión sexual a lo largo de su vida.

sus derechos y no el agresor; pero también creo que otra parte de razón reside en las autoridades, sabedoras de que en la prevención todos debemos involucrarnos en la medida de nuestras posibilidades.

¿Qué debemos tener en cuenta para evitar una agresión en la medida de nuestras posibilidades? Los investigadores del fenómeno victimario han elaborado un esquema donde se concentran los puntos más importantes que sirven al agresor para actuar, y que a las posibles víctimas les será útil para indagar en qué medida pueden contribuir para que esa agresión no se produzca.

- *Factores individuales:* se refiere a las características personales de la posible víctima. La más importante se refiere al sexo. Las mujeres son más proclives a sufrir una agresión que los hombres. Entre ellas, la probabilidad aumenta cuanto menor sea la edad de la mujer. La franja más vulnerable se encuentra entre los 16 y los 30 años.
- *Comportamiento de la víctima:* cuanto mayor sea la temeridad de la persona, más riesgo tiene de convertirse en una víctima futura. Actitudes como regresar a casa de noche acompañada o por lugares transitados disminuyen el riesgo, mientras que otros como abusar del alcohol lo aumentan. Aquí también se incluyen las compañías que frecuenta la persona en cuestión, los lugares donde disfruta de su ocio, los horarios de regreso y de salida, el llevar artículos de protección o no consigo, dejar dicho por dónde va a moverse y a qué hora calcula volver…
- *Ofensores:* las características del ofensor y su relación con la posible víctima son uno de los pilares básicos sobre los que se sustenta una agresión.
- *Oportunidad:* sabemos que los asesinos seriales se mueven por los principios de impulsividad y oportunidad. Por ello siempre buscan el momento en el que puedan actuar. Es responsabilidad nuestra que ese instante no se dé, intentando, por ejemplo, estar siempre acompañados cuando deambulemos por lugares solitarios o peligrosos.

- *Factores sociales:* la estigmatización social que sufren diversos sectores los coloca como víctimas apetecibles por los asesinos seriales. Cuanto más sea el apoyo que estos colectivos reciban por parte de la sociedad y de las administraciones, menor será su riesgo de sufrir una agresión.

Recurriendo nuevamente a Ted Bundy, este asesino serial buscaba como víctimas mujeres morenas, atractivas y peinadas con la raya en medio. Su gusto no fue óbice para que lograra quedar y matar a unas treinta que respondían a estos criterios. Precisamente porque a esas chicas no les importaba fiarse de un extraño. Hace cincuenta años ninguna chica joven hubiese quedado con un hombre al que no conocía previamente, pero desde los setenta este punto ha cambiado. ¿Qué quiero decir con esto? Que tenemos que saber gestionar las libertades conseguidas. No todo el mundo es de fiar y no todo el mundo busca una forma sana de divertirse. Afortunadamente son los menos, pero debemos tener cuidado en esta cuestión. Bundy no es un ejemplo único. John Wayne Gacy y Jeffrey Dahmer buscaban sus víctimas en bares y zonas de ocio. Sabían que en estos lugares la gente es más propicia para irse con un extraño y de eso se aprovecharon.

La victimología lleva tiempo estudiando qué parte de culpa tenemos las personas a la hora de convertirnos en víctimas y realiza una doble distinción:

- *Víctimas de riesgo:* con este concepto se entiende a las personas que poseen mayor probabilidad de convertirse en víctimas. Y no sólo se refiere a las prostitutas, la imagen más popular de víctima fácil y desamparada, también a quienes suelen regresar a casa por lugares oscuros y solitarios, a quienes gustan de alternar con desconocidos, a quienes se dejan llevar por el alcohol y las drogas...

• *Víctima vulnerable:* es aquella que ha sufrido una agresión y ha quedado más afectada psicológicamente por lo ocurrido en función de la precariedad emocional.

Otro de los problemas existentes en cuanto a la prevención de los ataques de asesinos seriales es que muchos países no están capacitados para hacerles frente, ni antes de que comiencen a actuar ni una vez han comenzado, porque no saben cómo enfrentarse a ellos, al ser un tipo de delincuencia desconocido o poco tratado hasta entonces. Japón es un país paradigmático de esta realidad.

En una nación donde los homicidios sólo ocupan el 1% de los crímenes que se cometen anualmente, el fenómeno del asesinato múltiple es un completo desconocido para ellos. Así se puso de manifiesto el 3 de noviembre de 1994, cuando en la bahía de Yokohama apareció flotando una bolsa de basura de plástico blanco. En su interior estaba el cuerpo de una mujer adulta que llevaba varios días muerta. Se trataba de la esposa del médico japonés de 31 años Iwao Nomoto, quien había denunciado su desaparición y la de sus dos hijos ese mismo día. El 7 de noviembre apareció otra bolsa en la misma bahía con el cuerpo de su hija de dos años de edad y cuatro días después el cadáver de su hijo de un año en idénticas circunstancias. Los tres habían muerto estrangulados y arrojados a las aguas con lastres en el interior de las bolsas. Sin embargo, los gases de la putrefacción habían acabado por sacarlas a flote.

La sociedad japonesa se encontraba estupefacta por estos crímenes y también la policía, que disponía de detalles muy interesantes que no sabía cómo interpretar. Por de pronto los tres cuerpos tenían las muñecas atadas con cuerdas de un color y los tobillos de otro y los tres se encontraban pulcramente vestidos.

Los medios de comunicación, excitados por el acontecimiento, no pararon de informar sobre los asesinatos mientras la policía seguía sin rumbo fijo. Afortunadamente para ellos, en esas fechas se encontraba en el país Robert Ressler, que invitado a un programa en directo realizó el siguiente perfil criminal:

El asesino tenía un enorme interés en sacar los cadáveres del lugar del crimen. No quería que la policía los encontrase y los arrojó al agua. Los tres estaban en el mismo lugar así que quería deshacerse rápidamente de ellos. La manera de atarlos con cuerdas de colores siguiendo el mismo orden indica que se trata de una persona organizada. Los cuerpos no tenían heridas así que ninguna de ellas se enteró de la muerte del resto ya que hubiera habido forcejeo. Los cuerpos fueron arrojados vestidos en bolsas lastradas cuando pudo haberlos arrojado sin ella lo que indica que el criminal las conocía. No quería que los encontrasen desnudos. Esto significa cierta consideración. No es probable que quisiera matar a los niños ya que no eran un estorbo para matar a la madre. Al asesino le preocupaba que esos niños crecieran sin madre y por eso pudo haberlos matado.

Al día siguiente de escuchar esta declaración el doctor Nomoto se entregaba a la policía y confesaba ser el asesino.

Ahora bien, ¿qué sucedería si fuésemos capaces de reconocer a un psicópata antes de que se convirtiese en un asesino serial? ¿Harían falta políticas de prevención? Vamos a averiguarlo.

Cómo reconocer a un psicópata

Su madre le llamó Richard David Falco. Ponerle nombre fue quizás el último acto de responsabilidad que tuvo con su hijo, ya que poco después del nacimiento, el 1 de julio de 1953, lo abandonó. Una suerte para el matrimonio Nathan y Pearl Berkowitz que decidió adoptar al bebé.

A pesar del cariño que le profesaron sus padres adoptivos, el niño nunca dio muestras de alegría. Todo lo contrario. A David se le conoce por su timidez y su poca autoestima, pero también por sus continuos accesos de ira, por su violencia incontrolable, continuas depresiones y mentiras. Las chicas le rechazan y él se encierra en sí mismo. Cuando Nathan muere, David se derrumba y sólo se levanta para comprar una Magnum 44 y comenzar una orgía de horror en la ciudad de Nueva York con el pseudónimo del *Hijo de Sam*.

'We Have Him'

Son of Sam suspect caught in Yonkers. Police said the .44-cal. killings ended with the arrest last night of postal worker David Berkowitz, 24, shown above as he was booked today at the 84th Precinct in Brooklyn. One police officer breathed a sigh of relief and said, 'We have him.'
Pages 4, 5 and 19

David Berkowitz el día posterior a su detención. Estados Unidos respiró aliviado porque la policía había atrapado a un peligroso asesino.

Sus primeras víctimas llegan el 29 de julio de 1976. Donna Lauria y Jody Valenti son tiroteados a quemarropa mientras conversan dentro de un auto. Mueren en el acto. El 23 de octubre de ese mismo año son Carl Denaro y Rosemary Keenan quienes sufren un ataque idéntico, aunque afortunadamente ninguno de ambos fallece.

Berkowitz siempre mata con su pistola. Busca jóvenes dentro de autos estacionados y sin mediar palabra se acerca al parabrisas y les dispara. Una carta dejada junto a una víctima propicia el apodo por el que comienza a conocérsele: «Soy un monstruo. Soy el hijo de Sam… adoro la caza».

Con los datos disponibles hasta el momento, el doctor Martin Lubin elabora un escueto perfil del asesino: la policía debía buscar a un paranoico que quizá creyera estar poseído por fuerzas diabólicas y con problemas en el trato con mujeres. En agosto de 1977 la policía identifica al agresor como David Berkowitz y lo arresta el 10 de ese mes. Para entonces ha dejado tras de sí seis víctimas mortales y varios heridos.

Los libros que reflejan su historia aluden a la forma tan curiosa que utilizó la policía para llegar hasta el asesino. Un hombre llamado Sam Carr denunció a su vecino porque éste le había escrito algunas cartas amenazadoras hacia su perro. A los agentes les llamó la atención el tono y las palabras usadas en la carta. Les recordaba a las que utilizaba *El hijo de Sam* cuando escribía a los periódicos vanagloriándose de sus hazañas, así que decidieron cotejarlas y descubrieron que la letra coincidía. No sólo eso, el apodo que él mismo se había asignado, *Hijo de Sam*, aludía al nombre del propietario del perro, Sam Carr, de quien a ciencia cierta tomó su apodo.

Comienzo repasando este episodio porque el carácter que Berkowitz presentó durante su infancia se corresponde al cien por ciento con el presente en la infancia de los psicópatas, lo que me obliga a formular una interrogante: sabiendo lo que hoy sabemos sobre la psicopatía durante la infancia y la adolescencia, ¿podían haberse evitado los crímenes de David Berkowitz? Es más, ¿es posible identificar a un psicópata en esos primeros estadios? Porque si la respuesta es afirmativa el problema de los asesinos seriales quedaría en gran medida felizmente resuelto.

Como trastorno de la personalidad que es, la psicopatía es observable desde época tan temprana como la niñez. Esto dota a los padres de una alta responsabilidad en el seguimiento psicológico de sus hijos y saber identificar cuáles de esos actos se corresponden con un comportamiento psicopático. A continuación mencionaré los más importantes.

Antes un aviso. La psicopatía admite diversos grados, por lo que no todos los niños que la padezcan serán en sus actitudes y pensamientos tan claros como Kemper o Jeffrey Dahmer. Lo importante es que los siguientes rasgos sean persistentes, inamovibles y profundos en el tiempo.

- *Egoísmo:* siempre se ha dicho que los niños son egoístas por naturaleza. Y es una verdad. Lo que ocurre es que a medida que el niño crezca la tendencia es que ese egoísmo vaya disminuyendo. A partir de los cinco

Un niño mentalmente sano tiende a compartir sus juegos y juguetes con los demás, por el contrario, el egoísmo exacerbado es un posible indicador de psicopatía.

años los niños comienzan a compartir sus juguetes conscientemente, en un intento de hacer partícipes a los demás de su juego y con la clara concepción de que también los demás deben compartir sus juguetes con él.

Los niños con tendencia psicopática no experimentan este proceso de igual modo. Ellos quieren aprovecharse de los demás, pero sin dar nada a cambio. Sólo dejan sus cosas cuando son amenazados, por ejemplo con no ver la televisión o no recibir más regalos.

- *Agresividad:* contrariamente al egoísmo, la agresividad no es una constante en los niños. Por ello, su aparición ya es un claro síntoma de alerta. Existe una agresividad natural que es la que se despliega en determinados juegos que exigen contacto físico y otra no natural que llega con respuestas salidas de tono, ruptura de objetos, agresiones a los padres que en un principio pueden parecer hasta graciosas. Los niños con tendencia a la psicopatía explotan en cólera cuando no consiguen lo que quieren o cuando se les lleva la contraria en aspectos que pueden ser incluso banales.

- *Falta de empatía:* son los padres y la sociedad en su conjunto los que enseñan a los niños a comprender y sentir esa facultad tan humana de la empatía. Cuando un niño pega a otro se le regaña, pero a la vez se le pregunta si a él le gustaría que le pegasen. La respuesta normal y más común es decir que "no", pero en estos otros niños no existe esa contestación. Ellos tienden a defender su postura, a recalcar que quien ha obrado mal es el otro. No logran comprender el daño que ocasionan sus actos porque son incapaces de ponerse en la situación del otro y experimentar sus sentimientos.

- *Insinceridad y falta de culpabilidad*: los niños psicópatas son unos grandes mentirosos. Con la mentira ocultan sus acciones, pero también logran que los demás hagan lo que ellos desean, lo que les convierte también en excelentes manipuladores. Sólo aceptan su responsabilidad en los actos cuando las pruebas en contra suya son muy evidentes, pero aun así alegarán mil historias, casi todas falsas, para defender su actuación.

Tampoco sienten remordimientos por sus actos porque no sienten que hayan hecho daño. Y digo sentir porque sí saben que han hecho daño, pero no lo sienten como tal, precisamente por la falta de empatía ya descrita.

- *Tiranía:* aparece a medida que se va dejando atrás la infancia y comienza la adolescencia. Si aún continúa con sus padres, ha aprendido cómo manejarlos convirtiéndose en el rey de la casa. Estos se pliegan a sus designios para aplacar sus ataques de ira, enfados y situaciones de estrés.

Para el profesor Garrido este es el instante en el que los padres comprenden que «su hijo no es como los demás». También es el momento en el que comienzan a preguntarse en qué fallaron, qué hicieron mal con su hijo para haber llegado a ese punto. Se busca ayuda psicológica en un intento desesperado de encauzar el camino, pero es muy difícil que la solución llegue ya.

Sólo aquellas personas que gestionan sus privilegios poseen un mínimo de autoridad sobre ellos. Pero no es real. Los jóvenes les respetan para evitar salir perjudicados, pero enseguida vuelven a las andadas. Cuando los accesos de cólera salen a flote son capaces de romper muebles, vender objetos de valor, irse de casa durante varios días sin llamar…

- *Irresponsabilidad permanente:* otra de las constantes en estos jóvenes es su incapacidad para proseguir con una tarea, aunque a priori les guste. Abandonan trabajos a las pocas semanas o días, son inconstantes en los estudios... Se comprometen a esforzarse a cambio de una moto, dinero, un viaje, pero en cuanto lo consiguen incumplen su parte del trato alegando mil historias. Los padres siguen dando oportunidades, pero los hijos las estropean todas. No perciben la gran incredulidad que han generado después de tantas mentiras y siguen creyendo que siempre se les dará una nueva oportunidad.

En su libro *El psicópata* (Algar editorial, 2005), el profesor Garrido establece 16 puntos sobre los que los padres deben preguntarse si son característicos de la actuación de su hijo:

1. Alardear de modo ostensible de sus logros.
2. Enojarse cuando se le corrige.
3. Pensar que él es más importante que los demás.
4. Actuar sin pensar.
5. Culpar a los otros de sus propios errores.
6. Burlarse de otras personas.
7. Meterse en situaciones de mucho riesgo o peligro.
8. Cometer actos ilegales.
9. No mantener sus amistades.
10. Aburrirse fácilmente.
11. Despreocuparse por el rendimiento en la escuela.
12. No sentirse culpable o malo por algo que ha hecho.
13. Tener emociones superficiales, como forzadas.
14. No mostrar emociones.
15. Actuar de forma amable, pero sin que parezca sincero.
16. No preocuparse por los sentimientos de los demás.

Muchos niños en el mundo proceden de ambientes duros y tienen infancias difíciles y no por eso terminan convirtiéndose en asesinos seriales.

De estos, los primeros diez puntos son habituales en chicos procedentes de ambientes marginales, con familias poco interesadas en su desarrollo personal. Su actitud no puede calificarse de psicópata.

Los seis últimos puntos, por el contrario, se corresponden con los rasgos principales de la psicopatía. Si una persona los comparte es un claro aspirante a psicópata. Lo mejor en ese punto es buscar ayuda psicológica con una idea muy clara: la psicopatía no se cura. Ya hemos descrito que hoy por hoy se desconoce qué es lo que conforma la psicopatía, si se debe a factores ambientales, genéticos o a una interacción de ambos. Y como no sabemos de dónde surge, tampoco sabemos cómo hacerla desaparecer.

Entonces, ¿qué habría o que se podría hacer con esta persona? Vuelvo a recalcar que existen muchos grados de psicopatía y ahora sólo me refiero a quienes presenten los más profundos. Actualmente no existen políticas de prevención en este punto, pero es incuestionable que deberían existir. Al no ser un enfermo, el psicópata no puede ser obligado a ingerir medicamentos para atenuar su peligrosidad y si no comete delitos no se le puede encerrar. Personalmente creo que la clave consiste en conjugar seguridad pública sin vulnerar los derechos de esta persona, ya que aún no ha cometido ningún delito y no hay certeza científica, sólo estadística, de que los vaya a cometer. Pero, ¿cómo hacer esto?

Aún no hay una respuesta eficaz.

LAS FUERZAS DE LA LEY

7

LOS PRIMEROS
EXPERTOS

Los que luchan contra monstruos

El filósofo Nietzsche escribió en una ocasión:

> El que lucha con monstruos debería evitar convertirse en uno de ellos en el proceso. Y cuando miras al abismo, él también mira dentro de ti.

Desde el siglo XIX, cuando el fenómeno de los asesinos seriales comenzó a interesar al público académico y policial, han sido muchos los que han luchado con monstruos. Afortunadamente ninguno de ellos llegó a convertirse en uno, pero como dice la cita de Nietzsche, sí que quedaron hondamente afectados por la realidad que investigaban, por el trato con estos criminales. Es imposible evitarlo. Trabajar con la criminalidad humana deja hondas cicatrices en el alma.

La historia del crimen en general, y el estudio de los asesinos seriales en particular, se inició con el libro *La Criminología*, de Rafael Garófalo (1851-1914). En aquellas páginas, este autor italiano daba carta de naturaleza a la Criminología como ciencia, al centrarse en analizar las actuaciones de los delincuentes y los móviles que les llevaban a cometer sus delitos.

Pese a esta importantísima aportación, no sería Garófalo quien recibiría el título honorífico de padre de la Criminología moderna, sino su compatriota Cesare Lombroso (1835-1909). La razón es simple. Más allá del mero estudio de los móviles y de los delincuentes, Lombroso teorizó sobre las penas y la utilidad o no de las cárceles como elementos disuasorios, habló de los derechos inherentes a los delincuentes y estableció categorías humanas que estuvieron vigentes varios años.

Su teoría más famosa fue la del criminal nato, con la que defendía la idea de que un delincuente podía ser reconocido por sus rasgos físicos. En la práctica equivalía a decir que una persona era más proclive a convertirse en delincuente, dependiendo de si tenía unas facciones físicas u otras. Algunos de esos rasgos eran cejas muy juntas, ojos pequeños, frentes prominentes... Semejante idea hoy nos provoca asombro, pero debemos observar que Lombroso no hacía sino seguir las tesis de Charles Darwin, quien por aquellos años había revolucionado Europa con su obra *Del origen de las especies por vía de la selección natural*. Si las especies habían evolucionado en su forma para adaptarse a las nuevas condiciones, ¿no podían haber hecho lo mismo los delincuentes? Fue el planteamiento de Lombroso.

A la derecha Alexandre Lacassagne. Sus conclusiones sobre las causas que convertían a una persona en delincuente contradecían abiertamente las de su colega Cesare Lombroso, en la fotografía de la izquierda.

No fue el único en aplicar el modelo darwinista a sus investigaciones. El propio primo del naturalista inglés, *sir* Francis Galton, trabajó en el hallazgo de una forma de mejorar la raza humana mediante la selección natural y encontró en las crestas y surcos que aparecen en las yemas de nuestros dedos un lenguaje que desvelaba las aptitudes mentales y físicas de sus propietarios y, así, su idoneidad como procreadores. La diferencia es que el trabajo de Galton impulsó la aparición y consolidación de la dactiloscopia y la teoría del criminal nato de Lombroso acabó sumida en el olvido.

Y es que las ideas de Lombroso fueron duramente atacadas por colegas suyos como Alexandre Lacassagne (1843-1924), médico legal en la Universidad de Lyon. Para rebatir al criminólogo italiano, Lacassagne publicó *Les archives d'anthropologie criminelle*, donde establecía que el factor que convertía a una persona en criminal no era su físico, sino el ambiente. El criminal, decía Lacassagne, es como un microbio que necesita un lugar en el que germinar. Mientras no lo encuentre su presencia es inocente, pero cuando lo halle, se convertirá en un enemigo de la sociedad.

Todos los nombres citados hasta el momento teorizaron sobre los asesinatos de desconocidos, aunque sin mucho detenimiento, porque en aquellos años el fenómeno de los asesinos seriales apenas cobraba importancia, eclipsado por otras formas delictivas mucho más cotidianas como las violaciones o los robos. Pero, ¿qué sucedía en la práctica? ¿Cómo se combatía a los asesinos de desconocidos en aquellos años? Muy pobremente. Las ciencias forenses aún eran unas desconocidas y la prueba, como elemento principal en el que sustentar la sentencia en un juicio penal, había iniciado su andadura sólo a comienzos de ese siglo XIX. Paradójicamente, uno de sus impulsores había sido un ladrón reconvertido en detective llamado François Vidocq.

Nacido en 1775 en la localidad francesa de Arras, hasta el año 1809 la vida de este hombre, calificado por quienes le conocieron de astuto y sagaz, no había sido más que una sucesión de algaradas, duelos, robos y negocios frustrados. Repudiado por su propio padre, panadero de profesión, Vidocq había llegado a París huyendo de un pasado que hoy consideraríamos aven-

Vidocq, el ladrón más famoso de Francia, y posteriormente reconvertido en jefe de la policía parisina.

turero, pero que realmente estuvo dominado por la violencia y el desprecio a la vida humana.

Como decimos, por esos años la ciencia criminal aún no había comenzado a desarrollarse y una de las carencias más importantes del sistema judicial consistía en no disponer de un proceso de identificación que descubriese si un detenido era delincuente reincidente o no. La diferencia no era baladí, ya que ser reincidente acarreaba una pena mucho mayor, pudiendo incluso decretarse el aguillotinamiento. Vidocq se aprovechó de esta carencia, entrando y saliendo de la cárcel en numerosas ocasiones. A veces tras cumplir penas menores y otras, las más, fugándose de la celda ante la sorpresa de sus captores. Fueron estas fugas las que le convirtieron en un personaje famoso en toda Francia, complicando su intento de abandonar la vida delictiva. Pero el azar es caprichoso y en ese 1809 Vidocq recibe la oferta del entonces director de la policía, Joseph Fouché, para formar parte de la Sûreté Nationale, un novedoso cuerpo policial ideado para combatir la delincuencia en la capital y que aún está en fase de proyecto.

Hasta entonces el cometido de la Policía pasaba exclusivamente por descubrir complots internos y conspiraciones extranjeras, pero el descontento ciudadano ante la creciente inseguridad obligó a que los políticos le añadiesen más competencias. Fouché había pensado en Vidocq porque su mente le dictaba que, quién mejor que un delincuente para atrapar a otro delincuente. Y acertó.

Sólo en 1817 Vidocq llegaría a atrapar a más de 800 delincuentes, aunque su verdadera aportación fue basarse en las pruebas y en las evidencias científicas como método para solucionar los delitos. A este respecto, uno de los casos más fascinantes en los que trabajó fue el asesinato de una condesa en 1822. La mujer había muerto de un disparo en la cabeza y así se la encontró cuando acudió a la escena del crimen, tendida en el suelo y con una gran mancha de sangre diseminada por la alfombra.

Interrogados los principales sospechosos, parecía que todas las culpas recaían sobre el marido, al que acusaban de adulterio, envidia y ansia de dinero. Cargos que bastarían para condenarle en un juicio, como se ha dicho, pero insuficientes para Vidocq, quien ante la atónita mirada de los presentes extrajo la bala incrustada en la cabeza. Acto seguido la cotejó con el arma del marido, comprobando que el proyectil era de un calibre superior, pero perfecta para ser disparada por la pistola de su amante, al que terminó deteniendo.

Este episodio, tremendamente cotidiano hoy, supuso una auténtica revolución en su momento porque depositaba en la prueba toda la carga judicial, en unos años en los que ningún juez hablaba de pruebas o de indicios. Tal es así que todo el sistema se basaba en la declaración de los testigos, pero con muchas trabas. Por ejemplo, sólo la acusación poseía el derecho de llamar a testigos, no pudiendo el acusado presentar los suyos propios o defenderse en el tribunal. En la mentalidad de los jueces se pensaba que si se permitía subir al estrado a un acusado, este lo aprovecharía para no parar de mentir. Como medida de protección, se estipulaba que el testimonio de un testigo de la acusación fuese ratificado al menos por otra persona. Si esto sucedía, el reo podía darse por sentenciado.

El francés habló de proyectiles antes del nacimiento de la balística, confeccionó fichas policiales antes de que Bertillon estableciera su método antropométrico de identificación criminal y se fijó en el *modus operandi* de los delincuentes antes de que el FBI acuñara esa expresión.

Sabedor de la admiración que causaban sus hazañas, Vidocq nunca se privó de alardear de las mismas en los cafés y tabernas parisinas, donde también acudían los escritores más célebres de la época. De hecho, es conocido que algunos de ellos se basaron en el audaz francés para inspirar ciertos relatos o crear algunos de sus personajes, como Víctor Hugo, quien se fijó en el detective para crear los dos protagonistas centrales de su celebérrima novela *Los miserables,* el prófugo Jean Valjean y el inspector Javert. También Honoré de Balzac, Alexandre Dumas o Eugène Sue lo utilizaron con el mismo propósito y se cree que el personaje del detective Auguste C. Dupin, surgido de la mente de Edgar Allan Poe, es un álter ego de Vidocq, así como el detective *monsieur* Lecoq, un investigador caracterizado por emplear el método científico en sus pesquisas y escrito por la pluma de Émile Gaboriau.

Pronto el camino de Vidocq fue seguido por otros hombres de leyes, el más importante en este breve relato: Hans Gross (1847-1915). Director de los Archiv für Criminalthropologie de Leipzig, donde también trabajaba como juez, Gross aunó la criminología y la criminalística –entendida como el conjunto de ciencias forenses– para perseguir los delitos. Por vez primera la teoría y la práctica iban de la mano, creando una poderosa arma al servicio de la sociedad. En su Austria natal, la policía adolecía de experiencia en la investigación criminal y él soñaba con crear un cuerpo semejante a la Sûreté Nationale francesa o al Scotland Yard inglés.

Creía que una investigación criminal era una tarea de equipo en la que sus integrantes debían respetar un método de trabajo único. Relegaba la intuición de los investigadores a un segundo plano y anteponía la prueba como único elemento incuestionable en una investigación. Para facilitar el trabajo de los jueces escribió un manual de actuación con la inclusión de los conocimientos teóricos y prácticos que toda persona que se involucrase en una investigación de este tipo debía conocer. Vio la luz en 1891 con el título *Manual para el uso de los jueces de*

Hans Gross, juez, padre de la Criminalística y fundador del primer Instituto de Criminología.

instrucción. En él pueden leerse fragmentos como éste relativo al análisis de una escena del delito:

> Ante todo, hay que proceder en esa diligencia con extraordinaria calma y tranquilidad, pues sin ella se malograría lastimosamente el éxito de la investigación. [...] Lo más importante en las inspecciones oculares es averiguar las huellas o rastros del crimen. Así, por ejemplo, si se trata de un asesinato, la primera diligencia sería la de averiguar si el cadáver del interfecto se hallaba o no en la misma posición que lo dejó el criminal después de realizado el delito.

A Gross también se le debe el acuño del término Criminalística y la fundación del primer centro para el

Hans Gross fue el primer estudioso que puso por escrito cómo debía analizarse una escena del crimen y tratarse las pruebas encontradas.

estudio de la Criminología del mundo en Graz, su ciudad natal. Fue el Real e Imperial Instituto de Criminología de la Universidad de Graz. En sus aulas Gross impulsó el estudio de la psicología, de la sociología y de la antropología como ciencias imprescindibles para entender en toda su dimensión el comportamiento criminal. Hoy esta visión se ha mostrado tremendamente acertada, hasta el punto de que este libro no hubiera sido posible sin el trabajo de los psicólogos y sociólogos que durante décadas han estudiado la mente, la cultura y el entorno de los asesinos seriales.

Y tampoco sin la aportación de otra figura absolutamente clave como fue la de Edmond Locard (1877-1966). Este catedrático de la Escuela de Medicina Legal y profesor de la Escuela de Policía de Lyon está considerado como el padre de la Criminología moderna por sus importantísimas contribuciones al mundo de la investigación criminal.

Su gran influencia fue Hans Gross, de quien fue un discípulo aventajado. Fascinado por el análisis de la escena del crimen que proponía el austriaco en sus libros, Locard se centró en el estudio de los vestigios que dejaban los criminales tras sus actuaciones. «La suciedad en los zapatos frecuentemente nos dice más de dónde ha estado el que los ha llevado que el más arduo de los interrogatorios», solía decir Hans Gross y Locard sintetizó esta verdad en el principio que lleva su nombre, también conocido como *principio de transferencia* y plasmado en su obra de 1920 *La investigación criminal y el método científico* y 3 años después en *Manual de técnica policial*. Según este, cuando alguien entra en contacto con otra persona o lugar, algo de esa persona queda detrás y algo se lleva con ella. O dicho más simplemente, todo contacto deja un vestigio.

> Nadie puede cometer un crimen con la intensidad que esa acción requiere sin dejar numerosos signos de su presencia: el delincuente, por una parte, ha dejado marcas de su actividad en la escena del crimen y, por otra, inversamente, se ha llevado en su cuerpo o en su ropa los indicios de dónde ha estado o de lo que ha hecho.

El *principio de transferencia* revolucionó para siempre el análisis de la escena del crimen y aún hoy es la primera lección que se enseña en las academias a los aspirantes a policías científicos.

Su fama e interés por el mundo del crimen le llevaron a inaugurar en 1910 el primer laboratorio forense de la historia en Lyon. Uno de los primeros casos que llegaron fue el de Émile Gourbin, un hombre acusado de matar a su amante, pero casi intocable por disponer de una coartada perfecta. Durante el interrogatorio al que le sometió Locard le pidió que le dejase examinar sus uñas. Como pudo comprobar, bajo ellas había una fina capa de maquillaje, que al ser comparada con la que tenía la difunta en la cara demostró ser la misma. Gourbin no tuvo más remedio que confesar.

Estos casos le granjearon fama mundial, casi tanta como la que se había ganado el detective literario Sherlock Holmes. De hecho, Locard siempre mostró una gran fascinación por el personaje creado por *sir* Arthur Conan Doyle, hasta el punto de mencionar en sus escritos citas como esta:

> Mantengo que un policía experto o un juez de instrucción estaría lejos de perder el tiempo si leyera las novelas de Doyle. En *Las aventuras de Sherlock Holmes* se pide repetidas veces a Holmes que diagnostique el origen de una mota de barro [...]. La presencia de una mancha en un zapato o en un par de pantalones le sirve para descubrir la zona de Londres de la que procede, o el camino que ha tomado hasta llegar a él.

Frases pronunciadas por Holmes, como aquella que aseguraba que «cuando se ha eliminado lo imposible, lo que queda, aunque sea muy improbable, debe ser la verdad», hacían las delicias de un público ávido de aventuras. No es descabellado afirmar que el detective y su fiel acompañante Watson inspiraron a toda una generación de detectives y teóricos de las incipientes ciencias forenses, cautivados por el método deductivo.

Para ellos Conan Doyle era un visionario, pero lo que desconocían es que el escritor realmente poseía la capacidad de análisis que hizo famoso a Sherlock Holmes y que él mismo participaba en algunas investigaciones privadas, respondiendo al llamamiento de algunos lectores que solicitaban sus servicios o de la mismísima Scotland Yard.

Arthur Conan Doyle había nacido en Edimburgo el 22 de mayo de 1859. Era hijo de artistas católicos e irlandeses, dos factores que le enseñaron desde muy joven lo que significaba sentirse al margen de la puritana y anglicana sociedad británica.

La formación de Doyle se desarrolló entre el Tirol austriaco, dentro de la escuela jesuita de Feldkirch, y la Universidad de Edimburgo, donde estudió Medicina. Y fue precisamente en esos años cuando comenzó a interesarse por el mundo del crimen. Ya su padre, Charles Altamont Doyle, trabajaba como dibujante para el *Ilustrated Times*, revista que reflejaba asiduamente los crímenes más sonados que pasaban por los tribunales de Edimburgo. Además, el padre de su mejor amigo, John Hill Burton, era funcionario de prisiones y autor del libro *Relatos de juicios penales celebrados en Escocia.*

Era este un tipo de literatura muy en boga por aquellos años. Las novelas de Poe causaban furor entre la juventud y el propio Doyle se consideraba ferviente

Conan Doyle escribiendo en el despacho de donde salieron las principales novelas de Sherlock Holmes.

admirador del autor americano, tras leer relatos como *Los crímenes de la calle Morgue*, *El escarabajo de oro* o *La carta robada*. El razonamiento deductivo que seguía su protagonista, el inspector Auguste C. Dupin, para resolver los enigmas le fascinó de la misma forma a como lo hacían los personajes de otros autores como Wilkie Collins o el propio Stevenson. Sin embargo, él siempre relató que la experiencia crucial para que decidiera acoger la carrera detectivesca fue la visita que realizó al museo de cera de Madame Tussaud en 1874, con 15 años de edad. Entre aquellas espléndidas y realistas figuras, Doyle sintió especial fascinación por las que integraban la, quizás, más famosa de sus secciones. «Lo que más me gustó fue la cámara de los horrores y las reproducciones de los asesinos», escribía a su madre en una carta. «Me sentía tan cautivado como horrorizado», decía al contemplar las imitaciones del doctor Edgard Pritchard, envenenador y última persona ahorcada públicamente en Escocia, o auténticas reliquias como la cuchilla y el cepo de la guillotina original en la que murieron decapitadas 22.000 personas durante la Revolución francesa.

Como buen estudioso y analista de los casos criminales que era, su mayor preocupación consistía en constatar la posibilidad real de que un inocente fuera encausado hasta el punto de condenarle por un delito que no hubiera cometido. Doyle era consciente del estrecho margen que separa a una persona entre lo justo y lo injusto y de que la mera interpretación de una prueba basta por sí sola para condenar o absolver de la horca a un acusado. Esta certeza le hizo posicionarse en contra de la pena de muerte porque, aunque la defendía para los delincuentes habituales, no la concebía para quien hubiera transgredido la Ley por vez primera, y menos si estos eran jóvenes o si la sentencia translucía una duda razonable sobre la culpabilidad del condenado. «Más vale pecar de prudentes y aceptar que es preferible que 99 culpables salgan en libertad, antes de que un solo inocente pague por algo que no ha hecho», escribía en los periódicos. En su fuero interno se juró a sí mismo velar para que nadie sufriera tal injusticia.

Todo este mundo influyó para que su mente albergara la idea de crear un personaje detectivesco que basara en la lógica la resolución de los más inverosímiles crímenes. Un ser dominado por la justicia, el raciocinio y la defensa de los débiles. En definitiva, el álter ego de Conan Doyle. Así es cómo nacería Sherlock Holmes.

Después de unos años dedicados a la práctica de la Medicina, Doyle abandonó las consultas definitivamente para dedicarse exclusivamente a escribir. Era 1891 y, para entonces, ya había publicado con tremendo éxito los libros *Estudio en escarlata* y *El signo de los cuatro*, además de varios relatos cortos para la revista *The Strand*, siempre con Sherlock Holmes como protagonista principal.

La gente estaba maravillada ante la astucia y la claridad de ideas del detective y comenzó a preguntarse si el autor realmente poseía esos mismos dones o, si por el contrario, los casos expuestos y el modo de resolverlos estaban extraídos de la realidad. Por lo que saben sus biógrafos, Doyle jamás copió un crimen real, aunque sí es cierto que muchos de los que conoció le sirvieron como inspiración para las tramas de sus libros.

Lo que sí fue genuinamente suyo eran las deducciones que ponía en boca de Holmes y que constituían el verdadero éxito de las novelas. La mejor testigo de aquel don fue su propia hija, Adrian Conan Doyle, quien en numerosas entrevistas a la muerte de su padre relataba cómo ambos solían comer juntos en diversos restaurantes, «donde escuchaba los comentarios que hacía acerca de las peculiaridades, profesiones y otros rasgos propios de cada uno de los comensales allí presentes, comprobando después, gracias al encargado del restaurante, la precisión de sus intuiciones».

No es de extrañar, por tanto, que muchas personas y el propio Scotland Yard se dirigieran a él para pedirle ayuda ante casos de difícil resolución, porque sus novelas siempre caminaron por delante del desarrollo de la policía británica. Basta pensar que no sería hasta 1912 cuando Scotland Yard designaría al primer fotógrafo oficial, hasta 1924 cuando se formara el departamento de policía científica o la sección de armas de fuego. Avances que ya figuraban en los relatos de Sherlock Holmes.

Uno de los casos en los que se solicitó su intervención fue el protagonizado por George Edalji.

A mediados de diciembre de 1906, el escritor recibió la carta de un joven que acababa de salir de la cárcel, tras 3 años internado, por la acusación de haber provocado la evisceración de un caballo. Se trataba de George Edalji, abogado e hijo de un reverendo de ascendencia parsi. La familia habitaba en Wyrley, sita en medio de la campiña inglesa. Seguramente, Doyle pensó aquello que puso en boca de Holmes cuando este aseguraba que, «a

Estatua a la memoria de Conan Doyle y de su personaje literario
más célebre, Sherlock Holmes.

buen seguro, la apacible campiña inglesa también ha sido uno de los lugares tenebrosos de la Tierra». Pronto averiguaría la certeza de tal aseveración.

Durante los meses siguientes, Doyle se involucró en el caso hasta llevar a cabo una agotadora y exhaustiva investigación criminal. Por ella supo que desde hacía años, los ataques al ganado y a los animales de carga eran una constante en Wyrley. También averiguó que la familia Edalji había sufrido un acoso incansable desde que se establecieran en la localidad, con frases despectivas hacia ella y el envío de cartas calumniosas y especialmente desagradables que también se atribuyeron a la pluma de George Edalji, en una especie de ataque a sus padres y hermanos.

Gracias a sus conocimientos de médico y criminólogo, Doyle constató que el autor de las cartas poseía una mente trastornada, nada que ver con el abogado calmado, cortés, introvertido y de brillante futuro que era el joven Edalji. Lo más sangrante fue constatar que, incluso desde su entrada en prisión, los ataques a caballos habían seguido produciéndose. Este dato ya de por sí exoneraba a Edalji, pero la Policía local continuó sin dar marcha atrás en sus acusaciones.

Finalmente, Doyle pudo demostrar que todo se debía a una persona ajena al acusado y que la base de los ataques a la familia Edalji provenía de la envidia y el rechazo que despertaba tener un pastor de otra raza. «La gente cree que los blancos son los que deben llevar la palabra de Dios a los negros, no a la inversa», escribió en los periódicos donde denunciaba la imparcialidad de la condena. La Justicia dio parcialmente la razón a Doyle porque, aunque Adalji fue exonerado de haber atacado a los animales, continuó considerándole como el autor de las cartas injuriosas, pese a no poseer una sola prueba que lo sustentara.

También dio con la solución correcta en el caso conocido como *El misterio de la mansión del caserío del foso*. El 18 de marzo de 1903 fue detenido Samuel Herbet Dougal, acusado de utilizar cheques falsos, y sospechoso de estar involucrado en la desaparición de Camilla Cecile Holland, con quien había vivido una temporada en la llamada Mansión del Caserío del Foso.

La policía pensaba que la señorita Holland estaba muerta y que Dougal era el asesino, pero sin cuerpo del delito no podían formular una acusación formal. Así fue cómo varios periodistas pidieron la ayuda de Conan Doyle. Su recomendación fue que se atuvieran al nombre de la casa y a la extrañeza de que pese a llamarse «del foso», no hubiera nada parecido a una zanja en los alrededores. Los detectives decidieron seguir esa pista y descubrieron que, efectivamente, en la época en la que desapareció la señorita Holland, la zanja que daba nombre al caserón había sido cegada. Cuando volvió a levantarse la tierra se encontraron los restos de la mujer.

Samuel Herbet Dougal fue juzgado, condenado y ejecutado en la horca.

Otro de los asuntos que más fascinó al escritor fue el de *Jack el Destripador*. Aunque hubieran pasado bastantes años desde el cese de las muertes en Whitechapel, el nombre de Doyle siempre estuvo involucrado con aquel episodio. Visitó uno a uno todos los escenarios de los asesinatos a título individual, examinó las pruebas que se guardaban en el Black Museum de Scotland Yard y leyó las cartas que, supuestamente, el criminal envió a la policía. Con todos estos elementos esbozó su peculiar teoría sobre la identidad del asesino. Como su hija recordaría en 1962, «mi padre creía que *El destripador* se disfrazaba de mujer para abordar a sus víctimas sin levantar sospechas». Curiosamente, durante 1888 –año de los crímenes–, varios inspectores encargados del caso llegaron a esa conclusión, tras encontrar quemadas en la casa de la última víctima prendas femeninas que no le pertenecían. Nunca pudo probarse si su impresión fue la correcta.

Recojo este episodio porque *Jack el Destripador* está considerado el primer asesino en serie de la era moderna. Su caso supuso el fin de una época y el comienzo de otra, dominada esta por las nuevas ciencias forenses y en la que aún seguimos inmersos. La investigación del *Destripador* había puesto de manifiesto las enormes carencias que Scotland Yard poseía en materia criminal, demostrándole la necesidad de adquirir nuevos medios y de formar a nuevos investigadores cara al futuro que le esperaba en el próximo siglo XX.

Pero como de este caso ya he hablado brevemente en este libro y como, además, en este capítulo nos estamos centrando en los pioneros de la investigación criminal moderna, voy a dedicar las siguientes líneas al detective que coordinó aquella investigación, al primer hombre que se enfrentó cara a cara a un asesino serial tal y como hoy lo entendemos, Frederick Abberline.

En tiempos del *Destripador*, 1888, ser policía conllevaba desempeñar una profesión dura. Un agente no podía desprenderse jamás de su uniforme, ni admitir dinero de nadie sin permiso del comisario, tampoco le estaba permitido abandonar su puesto sin avisarlo con un mes de antelación y se le podía destituir por ineptitud, negligencia o mala conducta. Incluso se estipulaba que un comisario podía despedirles sin necesidad de dar explicaciones.

Las rondas policiales eran largas y monótonas. Un agente jamás iba acompañado con lo que se arriesgaba a sufrir emboscadas. En las noches frías de Londres, envuelto en la espesa niebla, no debía ser agradable rondar callejuelas tan sórdidas y oscuras como las de Whitechapel. Una de las normas en las que más hincapié se hizo fue en la prohibición de que un agente abandonase su ronda. Por ese motivo tampoco se les permitía entrar en los *pubs* y mezclarse con los vecinos a no ser que fuera imperiosamente necesario. Para eso estaban los detectives, los miembros del Departamento de Investigación Criminal.

Su principal característica es que trabajaban sin uniforme. En un principio sólo actuaban cuando se producía un suceso, pero más tarde se impuso la idea de Robert Peel de que la Policía estaba para prevenir el delito, no solamente para detener a los criminales, y los detectives se encuadraron en el organigrama de Scotland Yard con plenos derechos.

Hasta 1864 sólo hubo 15 detectives de entre 8.000 policías, pero para 1888 su número se elevó a 800 y, aunque cobraban algo más que los agentes de paisano, el descontento sobre sus sueldos permanecía como una cuestión a solventar. Se les escogía entre los mejores agentes y en poco tiempo surgió hacia ellos un aire de veneración, en parte por el trabajo que desempeñaban y que con tan pocos medios fuesen capaces de lograr meritorios éxitos. Un artículo de la época los describe con cierta admiración:

> Algunas veces les toca investigar robos realizados con tal maestría, que para los observadores corrientes no hay ingenio humano capaz de descubrir al ladrón. No deja rastro ni traza, toda huella ha desaparecido; pero la experiencia de un detective le guía por senderos invisibles a otros ojos.
>
> También tienen no sólo que contrarrestar las maquinaciones de todo género ideadas por bribones cuyos medios de existencia provienen de la realización de toda clase de bellaquerías, sino averiguar también misterios familiares, cuya investigación exige la mayor delicadeza y tacto.

Y de entre todos ellos, Frederick George Abberline era el más capaz. Había ingresado en la Policía Metropolitana en 1863 y pronto su constancia y audacia le granjearon la admiración y el respeto de sus compañeros y sus superiores. «Creo que me consideraban excepcional», llegó a decir durante su retiro. Y realmente lo era. Ochenta y cuatro menciones de honor y diversos premios otorgados por magistrados, jueces y jefes de policía lo corroboran.

Abberline se vio implicado en algunos de los casos más complicados de la historia de Scotland Yard. Cuando una bomba estalló en la Torre de Londres, el 24 de enero de 1885, él fue uno de los agentes más activos en la investigación. Según sus memorias trabajaba hasta las 4:00 ó 5:00 de la madrugada. Sus pesquisas llevaron a la detención de los autores y nuevamente las autoridades y los diarios debieron felicitarle por su buen hacer. A buen seguro que el detective rehusó más condecoraciones. Su conciencia le dictaba que sólo obraba por deber, jamás por gloria o fama.

Abberline pasaba por solitario, y lo era. En la actualidad no existe una sola fotografía del personaje, únicamente dibujos que representan a un hombre con patillas gruesas, pómulos marcados, orejas pequeñas, barba unida al bigote por un hilo de vello y mentón superior afeitado. Siempre elegante, siempre atento, siempre conforme a las normas. El tipo de policía que odiaba estropear una buena investigación por haber incumplido los formalismos.

En su casa fue confeccionando un álbum donde incluía recortes de sus casos junto a anotaciones de la forma en cómo los investigó y de los fallos que debía solventar para el próximo suceso. El trabajo le ocupaba casi todas las horas del día, y de la noche. Gustaba de indagar en los bajos fondos y a menudo podía vérsele hablando con cocheros, prostitutas y mercaderes, cuando no entrando en garitos de los que bien podría no salir con vida.

Durante su carrera una estrella pareció protegerle. Por todo ello, su jefe Charles Warren no dudó en nombrarle director de la investigación desde el momento en el que se descubrió el cadáver de Mary Ann Nichols, la segunda víctima del *Destripador*. Seguramente todos

Retrato del detective de la Policía Metropolitana, Frederick Abberline. Como agente más condecorado fue elegido para investigar los crímenes de *Jack el Destripador*.

esperaban una pronta resolución del caso, pero no sería así. La falta de medios técnicos, la escasez de personal, la astucia del criminal, la mala coordinación entre organismos policiales y, sobre todo, el desconocimiento absoluto sobre la mente de los asesinos seriales desembocaron en un fracaso rotundo.

Abberline está hoy considerado un paradigma de la investigación criminal, como se ha dicho, el primero que se enfrentó a un asesino en serie moderno, pero aquella fue una tarea que le superó. Scotland Yard no estaba aún preparada para este tipo de delitos. Locard, Hans Gross, Doyle... sólo habían plantado algunas semillas de sabiduría e innovación en ese tiempo, pero eran necesarios varios años para que germinaran. Y Abberline había nacido antes de tiempo. Aun así, su actitud se caracterizó por una constancia sin fisura. Interrogó a cientos de sospechosos y posibles testigos, barajó todas las teorías posibles, exprimió al máximo todos los recursos de Scotland Yard, indagó en nuevos métodos de análisis de una escena como el uso de la fotografía y comprendió como nadie que las modernas policías estaban necesitadas de una profunda remodelación.

En 1892 le alcanzó la jubilación. Sus familiares y compañeros de profesión le ofrecieron una fiesta. Le regalaron un juego de café y té en plata, siempre entre elogios y frases de cariño. En un momento de la fiesta el inspector Arnold, uno de sus mejores amigos, hizo callar a la concurrencia y tomó la palabra. Arnold sabía, tras esas noches de confesiones íntimas que sólo la buena amistad puede producir, que Abberline sentía en su alma no haber podido dar con *Jack*. Lo intentó hasta el desfallecimiento, incluso a punto de sucumbir ante la presión de los superiores... pero no lo consiguió. Por ese motivo y en ese instante, con todos los invitados a su alrededor, y sosteniendo una copa en su mano, su compañero dijo las siguientes palabras: «Abberline vino al East End y dedicó todo su tiempo a arrojar luz sobre aquellos crímenes. Pero, por desgracia, las circunstancias hicieron imposible ese triunfo».

Si Abberline continuara hoy vivo se sorprendería de hasta qué punto han avanzado las técnicas de investigación criminal en lo referente al mundo de los asesinos seriales. Vamos a comprobarlo en el siguiente capítulo.

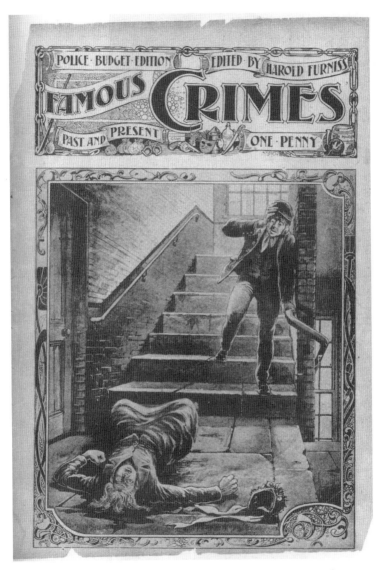

Representación de uno de los crímenes del *Destripador*.

8

MODERNAS TÉCNICAS DE INVESTIGACIÓN CRIMINAL

Un claro entre la oscuridad

Han pasado ya más de cien años desde que Abberline se enfrentase a *Jack el Destripador* y desde luego las técnicas de investigación han avanzado enormemente. Muchas de las claves y teorías esgrimidas por Hans Gross y Edmond Locard siguen plenamente vigentes, pero es indudable que aquellos rudimentarios tubos de ensayo, brochas y reactivos químicos con los que trabajaban ya han quedado obsoletos.

En este capítulo profundizaremos en cómo se desarrolla la investigación de un asesinato tipo o al menos mencionaremos los aspectos más importantes de esa investigación, ya que cada caso es diferente y siempre pueden presentarse complicaciones que alarguen las pesquisas y acaben implicando a más expertos y profesionales de lo normalmente estipulado.

Una investigación de asesinato casi siempre comienza con el hallazgo de un cadáver. El cine y las series de televisión nos han transmitido la creencia de que los asesinatos son episodios limpios y que los cadáveres siempre aparecen con expresiones tranquilas, los ojos cerrados y un poco de sangre manchando el suelo o la alfombra. Todo falso. Los asesinatos no suelen ser limpios, por la sencilla razón de que la sangre es un líquido que viaja por nuestro cuerpo a gran velocidad. Cuando alguna cuchillada o disparo corta las venas y arterias, esa sangre fluye a borbotones o a presión manchando todo a su paso. Y si la víctima ha muerto asfixiada, también les aseguro que su expresión no es en absoluto sinónimo de tranquilidad, lo mismo que si ha perecido ahogada o quemada.

Por si esto fuese poco, muchos cadáveres son encontrados al cabo de varios días, cuando el proceso de descomposición ya ha empezado a actuar en nuestro cuerpo. Es increíble observar cómo el calor y la humedad pueden desintegrar un cuerpo al cabo de pocas semanas si se encuentra al aire libre y un poco más tarde si se haya en un espacio cerrado. Los expertos dividen la descomposición de los cadáveres en cinco fases: fresca, de abotargamiento, de putrefacción, de postputrefacción y esquelética. Como ya hablé profusamente de estas en mi libro *La ciencia contra el crimen* (Nowtilus, 2010) no me detendré a explicarlas.

Así que podemos asegurar que no, que las víctimas de asesinato no son encontradas como el cine nos las presenta.

El lugar donde se halla el cuerpo recibe el nombre de *escena del crimen primaria* y es donde suele comenzar

No siempre los cadáveres se encuentran en buen estado cuando son hallados por la policía, lo que dificulta la investigación.

la investigación. Si queremos ser totalmente escrupulosos deberíamos utilizar la expresión *presunta escena del crimen primaria*, porque aún no se ha demostrado la comisión de un delito. Puede haber dos escenas primarias si dos cadáveres son encontrados en dos lugares diferentes y así sucesivamente, que es lo más común en las investigaciones de criminales seriales. Junto a ella está la *escena del crimen secundaria* o *escenas secundarias* y que suelen guardar relación con el lugar desde el cual se trasladó el cadáver, el lugar en el que falleció la víctima, el lugar donde se descubre cualquier indicio, la ruta de huida seguida por el agresor... Incluso el sospechoso y la víctima son considerados como escena del crimen secundaria porque sus cuerpos y ropas son susceptibles de análisis.

Los lugares físicos donde haya estado el sospechoso en alguna fase de los hechos o en instantes cercanos a ellos se denominan *hábitat*. Este hábitat puede corresponderse con alguna escena secundaria, pero también con el lugar de trabajo del agresor, su domicilio, la casa de algún familiar suyo...

En nuestro ordenamiento jurídico la investigación corre a cargo de la Policía Judicial, dirigida siempre por un juez de instrucción. Los policías judiciales son investigadores entrenados para estos menesteres y su cometido es conseguir todos los indicios posibles respetando la legalidad vigente. Una sola ley que infrinjan o un fallo en los protocolos de actuación respecto a los indicios puede invalidar todo el proceso y obligar a la puesta en libertad del o los posibles sospechosos. En ocasiones, incluso, la investigación puede quedar malograda definitivamente y cerrarse el caso con la etiqueta de «sin resolver».

La escena del crimen, también llamada *lugar de los hechos*, es el punto más importante de una investigación. Recordemos aquel principio de Locard según el cual, cuando alguien entra en contacto con otra persona o lugar, algo de esa persona queda detrás y algo se lleva con ella. Esto quiere decir que es muy posible que el asesino haya dejado algún rastro de su presencia en la escena o en el propio cadáver, quizá un pelo, una fibra, a lo mejor un mechero con sus huellas, quién sabe.

Uno de los grandes problemas en este punto es acotar la escena. ¿Dónde están sus límites? Si hallamos un cadáver en una zona boscosa, por ejemplo, ¿dónde colocamos la cinta de «no pasar»? En un espacio cerrado

Escena del crimen acotada.

la respuesta es fácil, pero ¿y en un lugar abierto? El sentido común y la experiencia nos dictarán dónde establecer esos límites y también el radio de posible actuación del criminal. Una vez acotada la escena, nadie, absolutamente nadie puede penetrar en ella, a excepción de los miembros de la policía científica. Estos deben tener en cuenta una serie de criterios básicos:

- por muy pronto que lleguen, los elementos atmosféricos o los animales, si se está al aire libre, han podido desplazar las pruebas de su emplazamiento original.
- los indicios pueden pasar inadvertidos.
- la recogida de indicios exige mucha paciencia pues son muy frágiles.
- nuestra presencia en la escena ya es una forma de contaminación, por lo que deberán moverse lo menos posible.

Segundo paso tras el acotamiento de la escena del crimen: su fotografía completa en planos generales y primeros planos de los elementos importantes presentes en la misma.

En general se denomina contaminación a la presencia en un medio de una sustancia no deseada. El agua de la lluvia, el polvo que arrastra el viento, nuestras escamas de piel son factores contaminantes. El problema es cuando caen o entran en contacto con elementos biológicos importantes para la investigación, como rastros de saliva, de semen o de sangre. Si la contaminación es importante el ADN de esos indicios puede quedar invalidado. En otros casos, más que una contaminación se produce una degradación, como el agua de lluvia que estropea un papel hasta hacerlo inservible. Un objetivo primordial será evitar a toda costa tal contaminación. Quienes entren en la escena para la recogida de muestras lo harán protegiéndose con un traje de plástico que les cubra el cuerpo entero, más un gorro que evite la caída de pelos, guantes también de plástico y cubrezapatos del mismo material.

Prosigamos con la narración. Tenemos un cadáver y ya hemos acotado la escena del crimen. Cuanta menos gente esté presente mejor y siempre con constancia de sus nombres, por si se les debiera realizar análisis de ADN para descartar su participación en el crimen.

El criminalista francés Bertillon y padre de la Antropometría aseguraba que «sólo se ve lo que se mira y sólo se mira lo que se tiene en mente». Y es una gran verdad. Por ese motivo antes de indagar en la escena debemos saber muy bien qué buscamos o qué tipo de indicios queremos encontrar porque, de lo contrario, podemos saltarnos elementos muy importantes.

El primer análisis es la escena del crimen en su conjunto. En una libreta anotaremos la disposición de los objetos presentes en ella, la postura del cadáver y las distancias entre ellos. Sacaremos fotografías generales y en detalle del lugar y no moveremos nada, a no ser que sea imprescindible para localizar otro indicio.

Nos encontramos ya en la segunda fase, la de la recogida de indicios. Cada uno de ellos debe ser fotografiado antes de ser recogido. Luego se preserva en una bolsa hermética y se rellena un formulario haciendo constar la hora de la recogida, la fecha, el lugar, el tipo de indicio que es y la persona que procedió a su alzamiento. Este último dato es muy importante porque se relaciona con la cadena de custodia.

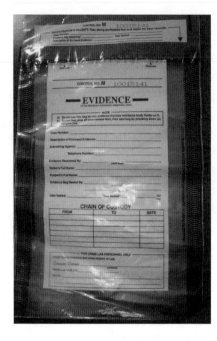

Bolsa para la recogida de pruebas y formulario adjunto con el que asegurarse el cumplimiento de la cadena de custodia.

La ley obliga a que todos los indicios sean custodiados por alguien hasta su presencia en el juicio. Así se asegura que nadie los manipulará ni perderá y si eso ocurre, la persona que figura el último en la cadena de custodia será el responsable. Cada vez que el indicio pasa de una persona a otra su nombre debe ser anotado.

Los indicios deben ser llevados lo más rápido al laboratorio correspondiente para su análisis o preservación en ambientes adecuados.

Por supuesto he esquematizado al máximo todo el proceso, ya que dependiendo de qué indicio hablemos, su recogida se efectúa de un modo diferente. No es lo mismo recoger una cerilla del suelo que extraer

Furgón de la Policía Científica de la Policía Nacional. Sus integrantes son los encargados de recoger los indicios en las escenas del crimen y preservarlas para su correcta entrega en el laboratorio correspondiente.

polvos de maquillaje de las uñas del cadáver y tampoco extraerlo de una superficie absorbente que de otra no absorbente. Del mismo modo, tampoco es lo mismo recoger muestras de cadáveres que de personas vivas y mucho menos hacerlo de cadáveres recientes que de otros antiguos.

El lector se habrá percatado de que he hablado de indicios y no de pruebas. La explicación es sencilla. En Criminalística, indicio hace referencia a un objeto relacionado con un delito y la prueba es la certeza clara y manifiesta de la que no se puede dudar. Si encontramos un cuchillo ensangrentado y con huellas dactilares, el cuchillo en sí es el indicio y la sangre y las huellas dactilares la prueba de que alguien lo empuñó y de que alguien resultó dañado. Por este motivo en una escena del crimen sólo debe hablarse de indicios, ya que aún ningún experto ha procedido al análisis de lo recogido.

El perfil criminal

Una vez se tienen todos los indicios que puedan ser importantes para la feliz resolución del caso se envían a los laboratorios correspondientes, haciendo partícipe de la investigación a diferentes secciones encuadradas en las llamadas ciencias forenses.

Existen multitud de ellas, pero yo quiero mencionar someramente las más usuales para que se perciba que una investigación criminal es, en realidad, una tarea multidisciplinar en la que todos sus elementos son importantes. Esa suma de ciencias forenses es lo que comúnmente conocemos como Criminalística y su finalidad es determinar de qué forma se cometió un delito y quién lo cometió.

Ahí está para comenzar la Antropología forense, disciplina que se encarga de estudiar el hueso humano, sus cambios a lo largo de la vida, sus cambios a lo largo de diversas generaciones y sus cambios en cada parte del mundo. El cometido de los antropólogos forenses consiste en limpiar el cuerpo de todo tejido blando para comenzar a indagar pacientemente sobre cualquier posible marca dejada en el hueso: un navajazo, un traumatismo, una perforación... «La carne se descompone; los huesos perdu-

En muchas investigaciones el estudio del esqueleto humano es la única vía posible para averiguar la identidad de la víctima.

ran», es una de las frases que más gusta pronunciar a estos especialistas.

Su entrada en una investigación suele darse cuando se ha localizado un cuerpo en tan avanzado estado de descomposición, que sólo el análisis de sus huesos permite extraer datos claros y precisos, incluidos la edad, sexo, raza y altura del cadáver. El primer caso en el que se utilizó esta disciplina para resolver un crimen ocurrió en 1849, con la desaparición del doctor y profesor de anatomía en la Universidad de Harvard, George Parkman.

Es muy curioso constatar que aunque pensemos que estas ciencias, también llamadas técnicas, sean antiguas, no lo son. La mayoría inició su andadura a mediados y finales del siglo XIX, alcanzando la mayoría de edad en el pasado siglo XX. La introducción de la informática ha sido la última revolución que han experimentado y el futuro nos va a deparar enormes sorpresas que aún somos incapaces de prever. Por de pronto los escáneres corporales están sustituyendo a las autopsias manuales en determinados casos y ya se está trabajando en robots capaces de analizar la escena de un crimen y fotografiarla detalladamente, para evitar que las personas contaminen involuntariamente los posibles indicios.

Por la misma época en la que desaparecía el doctor George Parkman, unos insectos ayudaban a resolver el misterio de un bebé momificado encontrado en la chimenea de una casa a las afueras de París. Es 1855 y la autopsia realizada por el doctor Bergeret d´Arbois demuestra que el fallecimiento se había producido casi diez años antes, en 1848. D´Arbois llegó a tal conclusión tras observar la serie de insectos que habían ido anidando en el cadáver y los restos depositados en él. La policía quedó convencida por las pruebas aportadas y detuvo a los moradores de la vivienda en aquel 1848, que fueron acusados de asesinato. Nacía la Entomología forense.

Hoy sus expertos son requeridos para certificar la hora de la muerte cuando esta no puede extraerse por otras vías. El procedimiento es muy sencillo y consiste en recoger todos los insectos y larvas presentes en el cadáver, tanto sobre él, como a sus costados y dentro y bajo él. Como los entomólogos forenses conocen perfec-

Cuerpos humanos diseminados para estudiar su proceso de putrefacción a cielo abierto.

tamente qué tipo de insectos son los que acuden a un cuerpo para alimentarse de él y en qué instante del proceso de descomposición lo hacen, sólo tienen que dar marcha atrás en el tiempo fijándose en los especímenes recogidos.

Para comprenderlo gráficamente supongamos que en el cadáver hemos recogido una larva de mosca azul dejada allí por un huésped. Sabemos que las moscas azules tardan entre dos y cuatro horas en llegar al cadáver y que una vez se alimentan dejan depositados en él sus larvas. Si una larva de mosca azul tarda en eclosionar 48 horas, ya en el laboratorio sólo tendremos que observar cuánto tiempo tarda en hacerlo desde su recogida en el cuerpo. Después sólo habrá que restar ese tiempo de las 48 horas normales para deducir cuánto tiempo llevaba muerta la víctima.

Claro está, no todo es tan sencillo y al igual que sucede en el resto de las ciencias forenses siempre surgen imprevistos.

Otra de las técnicas más comunes es la balística, entendida como la ciencia que estudia la identificación de las armas de fuego empleadas en un crimen y la trayectoria de los proyectiles utilizados. Huelga decir que la balística no está presente en todas las investigaciones criminales, y aún menos en las de asesinos en serie, ya que estos prefieren usar armas blancas o sus propias manos para acabar con la vida de sus víctimas. Sin embargo, la propia evolución de esta ciencia ha generado una pseudo rama, si se me permite esta expresión, que pretende identificar las armas blancas utilizadas en un crimen por las huellas dejadas en un hueso, ya que también ellas dejan un rastro propio e intransferible. Y así, los cuchillos de doble hoja dejan marcas con dos incisiones a cada lado de la herida, los cuchillos de filo simple crean heridas en forma de quilla de barca y los de sierra dentada un corte irregular en la piel.

Aún podría hablar de la dactiloscopia, los análisis de ADN, la huella bucal, los otogramas, el envejecimiento facial mediante ordenador, la acústica forense, el estudio de las fibras, la lofoscopia, la grafística, la identificación antropológica-radiológica... Técnicas implantadas en las sociedades avanzadas y cuya misión siempre es la misma: esclarecer la verdad del crimen y responder a las típicas cuestiones de quién lo cometió, cuándo y cómo.

Responder al por qué es más tarea de los perfiladores criminales, profesionales íntimamente ligados al mundo de los asesinos seriales y poco conocidos en nuestro país porque es en los de corte anglosajón donde su tarea está amparada y regulada por sus respectivos gobiernos y por organismos tan prestigiosos como el FBI o Scotland Yard.

Los asesinos seriales prefieren utilizar armas blancas porque les permite estar más cerca de sus víctimas y palpar su miedo.

Básicamente la técnica de la perfilación criminal consiste en elaborar un esbozo físico y psicológico, lo más aproximado posible, de la persona a la que se está buscando por un determinado delito. Robert Ressler, buen conocido nuestro, es uno de los mayores expertos mundiales en esta técnica. Él la define como la técnica que permite «elaborar un mapa de la mente del asesino». La idea es que si el investigador consigue pensar como él, sentir lo que el asesino siente, será capaz de adelantarse a su próximo movimiento y llegar a capturarle. «Si se entra en la mente de un criminal, se puede entender y predecir su siguiente paso», asegura Ressler.

La perfilación criminal está íntimamente unida a los asesinos seriales porque la repetición es lo que permite vislumbrar si existe una pauta. Nuestros actos dicen mucho de nosotros, pero para saber realmente si un acto fue producto del azar o, por el contrario, responde a criterios personales es necesario que se repita. Los perfiladores buscan esa repetición, esos actos que digan algo de la mente del criminal, sus motivaciones, sus frustraciones... Para ello analizan la escena del crimen, la víctima, los resultados de la autopsia y el resto de datos asociados al caso e incluso la caligrafía de documentos escritos por la persona a la que se pretende calibrar. Todo para hacerse una composición del lugar y del criminal.

Contra la creencia común, los perfiladores no suelen acudir a las escenas de los crímenes, no al menos en un primer estadio. Trabajan en sus despachos, a donde llegan todos los documentos que solicitan. En el caso norteamericano es el FBI el que forma a estos especialistas. En su base de Quántico se les enseña a despertar su lado crítico y racional, las bases de esta metodología. El agente debe aprender a extraer todos los datos posibles de la escena del crimen y del cadáver por medio de la observación y la deducción.

El buen perfilador puede llegar a conocer el sexo, la edad, los antecedentes personales y familiares, las fantasías, deseos y frustraciones de la persona a la que intentan atrapar. E incluso la forma que tiene de vestir y su aspecto físico. Célebre es el caso de George Metesky, el loco de las bombas, quien aterrorizó entre 1940-1956 a los habitantes de Nueva York colocando sucesivamente bombas caseras en diferentes lugares. En 1956 el doctor James A. Brussel, psiquiatra consultor del sistema de salud mental de la ciudad, realizó un perfil psicológico sobre la persona que buscaba la policía. En su informe habló de un hombre «soltero, de entre 40 y 50 años, mecánico hábil, eslavo y religioso...» e incluso dijo que cuando se le detuviera tendría una camisa de doble pechera abotonada. Y efectivamente, cuando *Mad bomber* fue detenido en 1957 llevaba una camisa de doble pechera abotonada. El resto de datos aportados por el doctor Brussel también se correspondieron con la realidad. Brussel tan sólo había racionalizado los datos presentados. Si son bombas caseras significa que el hombre que las creó es habilidoso y que tiene acceso a elementos electrónicos. Si necesita tiempo para confeccionarlas significa que dispone de un lugar exclusivo para él ajeno a miradas indiscretas o que no tiene familia...

Para comprender los rudimentos de esta técnica voy a centrarme en un caso que trajo de cabeza durante años a las autoridades de Sudáfrica y que terminó con la detención del hasta hoy mayor asesino serial de ese país.

En octubre de 1986 se habían iniciado una serie de asesinatos de muchachos jóvenes cerca de Ciudad del Cabo. La policía tenía 5 cuerpos de chicos negros de entre 11 y 15 años de edad pertenecientes a tribus diferentes. La peculiaridad residía en que todos habían sido secuestrados a plena luz del día y cerca de la estación de ferrocarril. Los cadáveres presentaban las manos atadas a la espalda con su propia ropa y habían muerto estrangulados o asfixiados, hundiendo su boca en la arena. Habían sido sodomizados y el asesino dejaba sus prendas interiores cerca de los cuerpos.

En un primer instante se barajó la hipótesis de un móvil racial, debido a la tensa situación que el país vivía entonces, pero testigos afirmaron haber visto a alguno de los chicos subiendo al coche de un hombre negro.

Entre 1986 y 1993 aquel siniestro personaje terminó con la vida de al menos 9 chicos. Los periódicos le apodaron *El estrangulador de la estación*. Lo más extraño era que el asesino no actuaba con una periodicidad determinada. Si los primeros crímenes se produjeron en aquel 1986, estos cesaron a finales de esa década para reanudarse a comienzos de 1994. Cuando se hizo patente que *El estrangulador de la estación* había vuelto a las andadas, la población negra mostró su indignación. Todos creían que la policía podía hacer mucho más y que si se tratase de víctimas blancas hace tiempo que el asesino habría sido detenido.

Como digo, hacía años que no se habían contabilizado nuevas víctimas, pero en enero de 1994, y en espacio de diez días, aparecieron media docena de cadáveres cerca de El Cabo. Unos junto a una bifurcación de tren, otros más al sur. Casi todos habían desaparecido un lunes. Por esos azares de la vida, el 23 de enero un grupo de niños de primaria estuvo a punto de atrapar al posible criminal. Regresaban del almuerzo cuando vieron a un hombre negro y de aspecto sospechoso que aguardaba cerca del colegio. Avisados sus profesores, todos se dirigieron hacia él, logrando únicamente que huyese precipitadamente. Mientras lo perseguían encontraron los cuerpos medio descompuestos de dos jóvenes desaparecidos días atrás.

Escena del crimen ya limpia de pruebas.

Las fuerzas de seguridad peinaron la zona buscando posibles rastros del sospechoso y, quizás, nuevos cadáveres. La población se unió a la búsqueda machete en mano y los ánimos se caldearon más que nunca. Fue entonces cuando en el pantalón de una de las víctimas se encontró una nota dejada presumiblemente por el asesino que decía: «Otro más. Aún quedan muchos».

El autor enumeraba a ese chico como su víctima 14, lo que era correcto. Ese fue el motivo por el que se dio credibilidad a la prueba, ya que sólo alguien muy inmerso en la investigación podría saber este dato. Por si fuese poco, el investigador encargado del caso, Reggie Schilder, recibió una llamada anónima advirtiéndole de que habría 14 asesinatos más. La misma persona llamó a las madres de alguno de los muchachos para burlarse de ellas. Días después se encontraría otra posible prueba, un pedazo de cuerda de nailon de color naranja con un nudo de lazo.

Con todos estos datos la policía barajaba la hipótesis de que el asesino fuese un maestro, un abogado o un policía. Se entrevistó a más de 600 sospechosos y a centenares de posibles testigos, pero no se extrajo nada en claro. Entonces se encontró otra pista junto a una de las víctimas: un bloc de notas con versos obscenos y anotaciones morbosas de la novela *Matar a un ruiseñor*. Si las anotaciones eran del asesino demostraban que este comenzaba a jugar con la policía, dejando notas para burlarse de ella. Hasta el momento el criminal no había dejado huellas porque se sabía que se desplazaba a pie y porque enterraba los cuerpos en lugares muy difíciles de localizar, pero ahora todo indicaba que se estaba volviendo temerario, toda una ventaja para los investigadores.

La policía decidió no publicar un dato muy relevante. Existían pruebas de que el asesino regresaba al lugar de los crímenes mucho tiempo después de haberlos cometido. Se supo porque junto a los cadáveres muy descompuestos se hallaron botellas de vino y de cerveza bastante recientes. También se sabía que el asesino iniciaba una serie de asesinatos, que paraba durante una breve temporada y que luego volvía a matar.

Con todos los datos recopilados hasta entonces, la psicóloga clínica Micki Pistorius, que por aquel entonces terminaba su tesis doctoral sobre los asesinos en serie, elaboró un perfil criminal del agresor. Pistorius creía que se trataba de un psicópata organizado que seleccionaba a sus víctimas entre chicos «puros», entre escolares, en vez de chicos de la calle más dispuestos a ofrecer sexo por dinero.

Sería un hombre negro de entre 25 y 37 años de edad, soltero o quizá divorciado. Probablemente viviría con otras personas, familiares o amigos, y si lo hacía solo debía estar rodeado de vecinos muy cercanos que sabrían de sus movimientos en todo instante.

También lo calificó de inteligente, bilingüe (dominaría su lengua tribal y el afrikáans) y de elegante. Alguien que prefiere llevar corbata. Su aspecto no llamaría la atención y su profesión, si trabajaba, sería la de policía, profesor o sacerdote. Trabajaría por las mañanas, frecuentando por las tardes las estaciones de tren y las salas recreativas. Muy probablemente tendría antecedentes por sodomía, hurto o robo.

Pistorius también adujo que era alguien solitario, que prefería tratar con niños antes que con adultos y que rechazaba las figuras de autoridad. No descartaba que pagara a un cómplice que desconociese estar tratando con un asesino y que casi seguramente tendría algún álbum con recortes de las noticias sobre los crímenes.

En el plano sexual no descartaba que estuviese casado o que mantuviese una relación sentimental con alguien, pero el sexo debía ser frustrante entre ambos, ya que el hombre preferiría la masturbación y la pornografía a estar con su pareja. Un dato muy inquietante es que, según ella, el asesino mataba para castigar a la comunidad por no haber acudido en su ayuda cuando él tenía la misma edad que sus víctimas.

Al poco de elaborar este perfil la policía encontró otro cadáver. Realmente el asesino se había vuelto descuidado, porque un amigo de la víctima pudo verle perfectamente conversando con el muchacho antes de que se lo llevase y dio una descripción detallada del sospechoso. Se trataba de un hombre de piel oscura, peinado estilo afro, con una cicatriz en la mejilla y otra en el lado opuesto de la cara y debajo del ojo. Tartamudeaba levemente y dominaba el xosa y el afrikáans. Los dibujantes realizaron un retrato robot que fue difundido por los medios de comunicación. A pesar de que hubo muchas llamadas ninguna fue especialmente relevante, hasta que una clínica psiquiátrica de Ciudad del Cabo llamó informando de que un hombre muy parecido al del retrato había ingresado voluntariamente en la clínica en fechas que coincidían con el hallazgo de los cadáveres.

A la vez, otro hombre llamó porque sospechaba de su vecino, Norman Simons, maestro de escuela primaria de 29 años de edad. La policía detuvo a Simons. Ya en comisaría se indagó en la vida del detenido y fue entonces cuando los detectives comprobaron que el perfil realizado por Pistorius era un calco del hombre que tenían ante sí.

Simons vivía con sus padres y la familia había sido muy pobre en la juventud. Se acusaba a su hermano de haber abusado sexualmente de él y su empleo era de clase media, profesor. Tenía una voz suave, que inspiraba confianza y le gustaba mucho tratar con niños. Su aspecto era pulcro y su edad entraba en el margen estipulado por la psicóloga. Y lo más importante, en los períodos en los que no hubo víctimas Simons realizaba prácticas de profesorado. Trabajaba con grupos de niños continuamente, pero en muchas ocasiones desaparecía, según él, por fuertes depresiones. En lo que Pistorius falló fue en creer que el sospechoso tendría pareja. Simons estaba soltero y no se relacionaba con nadie.

Poco a poco fueron saliendo más datos a la luz, como el que indicaba que de niño había sufrido constantes burlas y humillaciones por ser mestizo. «Le caía bien a todo el mundo, pero él no lo creía. Pensaba que la comunidad no lo aceptaba. Incluso cuando estaba con sus amigos, siempre daba la impresión de guardar las distancias», dijo un compañero de la infancia.

Durante los interrogatorios Simons confesó ser el autor de los crímenes, aunque no llegó a decirlo directamente. Utilizaba la tercera persona y un examen psiquiátrico concretó que se trataba de un esquizofrénico paranoide. Según dijo, las voces le ordenaban «hablar con los niños. Estos, inocentes, me escuchaban y seguían mis instrucciones. A veces parecía que estas fuerzas actuaban sobre los niños para obligarles a escuchar. En estos momentos, mi personalidad cambia y soy capaz de hacer el mal [...] Es duro, muy duro estar poseído por fuerzas desconocidas».

La hipótesis del círculo

Ejemplos como este han provocado en muchas ocasiones la sensación de que la perfilación criminal es una ciencia exacta, un método infalible con el que cuentan los investigadores para atrapar al criminal, pero no es

El profesor de Psicología en la Universidad de Oxford y padre de la perfilación geográfica, David Canter.

cierto. Sus inconvenientes residen en que un solo fallo del perfilador en su informe puede llevar a la policía a buscar en la dirección equivocada, con el riesgo de que el criminal cometa un nuevo asesinato. Por eso mismo el FBI es muy exigente a la hora de seleccionar a los futuros aspirantes a *profiler*.

Es requisito obligatorio que sean personas de entre 30 y 45 años, con intuición, capaces de separar sus sentimientos personales de los que genera un crimen, con pensamiento analítico y estabilidad emocional y psicológica. Además, se valora mucho que posean conocimientos en psicología o psiquiatría pero, paradójicamente, no se quiere que los profesionales de la salud mental entren a realizar perfiles criminales sin ser miembros de la policía o del FBI.

Como en el resto de ciencias forenses, también la perfilación ha experimentado avances sustanciales y nuevos enfoques desde su surgimiento allá por la década de los años sesenta y setenta del pasado siglo. Uno de los más importantes llegó desde Inglaterra de la mano de David Canter, profesor de Psicología en la Universidad de Liverpool. Basándose en sus estudios de psicología ambiental, Canter dedujo que un asesino en serie no escoge casi ningún elemento al azar. Por ejemplo, la perfilación clásica auspiciada por el FBI dicta que las víctimas seleccionadas responden a un patrón común significativo para el agresor. En el caso de José Antonio Rodríguez Vega, el asesino de ancianas de Santander, personas mayores por ser las únicas sobre las que podía ejercer su dominio machista; en el de Santiago Sanjosé Pardo, *El Lobo Feroz*, prostitutas que no le rechazarían por su aspecto físico... y así sucesivamente.

Lo que Canter hizo fue ampliar este razonamiento hacia el entorno del criminal, llegando a la conclusión de que no sólo la elección de las víctimas aporta datos sobre él, también el lugar y el período del día en el que actúa. De esta forma, que un asesino mate habitualmente durante la noche o en el interior de un bosque nos transmite una información muy valiosa sobre su personalidad y hábitos cotidianos que deberemos saber interpretar para atraparlo. Para él, un agresor serial cuenta una historia con sus actos y es tarea de la policía buscar la narración que el criminal nos está relatando.

Por ejemplo, si las agresiones siempre se producen de día puede deberse a que el delincuente posea familia que le reclama por la noche; por el contrario, si se desencadenan a altas horas de la madrugada quizá sea porque desempeña un trabajo nocturno, deba madrugar para acudir al trabajo o mantenga una vida solitaria y carente de horarios. Lo mismo cabe decir respecto a la elección de los lugares. Lo acabamos de constatar con el caso de el *Estrangulador de la estación*, que sólo mataba cuando el tiempo se lo permitía y siempre en horarios muy concretos, huyendo de un posible seguimiento por parte de sus vecinos.

Sin embargo, donde realmente reside la novedad de Canter es en la confección de un programa informático llamado Dragnet –«emboscada» o «captura» en el argot policial–. Para aplicarlo basta con introducir en el ordenador los emplazamientos de todos los crímenes cometidos por una misma persona. Tras los cálculos oportunos,

Dragnet ofrecerá un mapa con el dibujo de un círculo englobando todos los escenarios señalados. Su diámetro resulta de medir la distancia entre los dos escenarios más distantes entre sí. La teoría dicta que la base desde la que actúa ese criminal se encontrará muy cerca del centro de esa circunferencia. Es lo que él ha venido en llamar la *hipótesis del círculo*. Y es lo que se aplicó con John Duffy en 1985.

En esa fecha la zona norte de Londres llevaba ya tres años sufriendo los ataques de una persona bautizada por la Prensa como el *Violador del ferrocarril*. El apodo le sobrevino porque el criminal atacaba a mujeres de entre 15 y 19 años, sorprendidas mientras esperaban al tren en andenes solitarios. Tras violarlas salvajemente las asfixiaba ayudado por un torniquete elaborado con un palo y una cuerda. A pesar de que el violador-asesino no cuidaba las escenas de los crímenes, dejando rastros de semen y pequeñas huellas dactilares, Scotland Yard no sabía cómo avanzar en la investigación. La paciencia terminó en 1985, cuando en una sola noche el desconocido atacó a tres mujeres.

Para entonces el trabajo de Canter comenzaba a ser conocido y los inspectores llamaron a su puerta diciéndole: «¿Puede ayudarnos a atrapar a este hombre antes de que mate de nuevo?». Apoyándose en las declaraciones de los escasos testigos presenciales, en informes de los escenarios de los asesinatos y de los lugares de las agresiones, este profesor inglés elaboró un perfil donde apuntaba que el asesino estaba casado, no tenía hijos, llevaba una vida matrimonial desgraciada y, lo más importante, que vivía en la zona de Kilburn-Cricklewood, al noroeste de Londres.

Cuando, gracias a su ayuda, Scotland Yard detuvo al criminal se demostró la veracidad de cada dato vaticinado por Canter, incluyendo su domicilio. El asesino se llamaba John Duffy y fue detenido en la casa donde vivía con su madre dentro de la zona descrita.

EL ASESINO DEL RÍO VERDE

Con sus tesis Canter ha proporcionado un nuevo impulso a una técnica que promete dar muchas sorpresas y que básicamente consiste en descubrir la psique de una persona y las circunstancias sociales que le rodean a través de su comportamiento. Sin embargo, la perfilación no es ni mucho menos la panacea y siempre necesitará del resto de las disciplinas forenses en su camino. Más que la solución, es una herramienta añadida con la que cuenta la policía para enfrentarse a los asesinos seriales.

Así quedó demostrado durante la investigación que llevó a la captura del *Asesino del río Verde*. Un caso especial por dos motivos principales. El primero por tratarse del mayor asesino serial en la historia de Estados Unidos: 48 víctimas demostradas, aunque algunos aventuran que pudieron ser 70. Y en segundo lugar, porque la policía tuvo que recurrir a la ayuda de otro asesino serial, Ted Bundy, para averiguar qué tipo de persona debían buscar. Algo semejante a lo que nos describe la película *El silencio de los corderos*, con Hannibal Lecter ayudando a localizar a *Buffalo Bill*.

GUILTY – 48 TIMES

GREEN RIVER KILLER CALMLY PLEADS "GUILTY," 48 TIMES: (In alphabetical order, left to right, excluding four unidentified victims represented by blurred images.) Debbie Abernathy, 2
Yvonne Antosh, 19. Martina Authorlee, 18. Pammy Avent, 16. Patricia Barczak, 19. Mary Bello, 25. Debra Bonner, 23. Colleen Brockman, 15. April Buttram, 1
Denise Bush, 22. Marcia Chapman, 31. Andrea Childers, 19. Carol Christensen, 21. Wendy Coffield, 16. Debra Estes, 15. Maureen Feeney, 19. Sandra Gabbert, 1
Roberta Hayes, 21. Cynthia Hinds, 17. Gisele Lovvorn, 17. Marie Malvar, 18. Gail Mathews, 24. Mary Meehan, 18. Terry Milligan, 16. Opal Mills, 16. Constance Naon, 2
Kimberly Nelson, 26. Delise Plager, 22. Kimi-Kai Pitsor, 16. Marta Reeves, 37. Carrie Rois, 15. Linda Rule, 16. Shirley Sherrill, 18. Alma Smith, 18. Cindy Smith, 1
Shawnda Summers, 17. Tina Thompson, 22. Kelly Ware, 22. Mary West, 16. Cheryl Wims, 18. Delores Williams, 17. Tracy Winston, 19. Lisa Yates, 26. Patricia Yellow Robe, 3

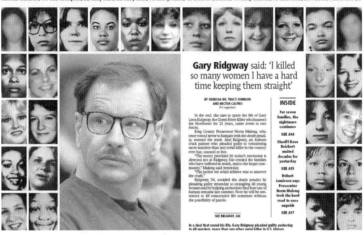

Gary Ridgway said: 'I killed so many women I have a hard time keeping them straight'

El mayor asesino serial en la historia de Estados Unidos, Gary Ridgway, más conocido como *El asesino del Río Verde*.

El Verde es un río que cruza diversos estados norteamericanos y que sirve de frontera entre Washington y Canadá. Su cauce es sinuoso y en algunos puntos sirve de esparcimiento para los lugareños de las localidades por las que cruza. Una de estas es Seattle, ciudad puntera y regada por múltiples canales, famosa en los anales del crimen por ser ahí donde actuó Ted Bundy, el prototipo de psicópata encantador del que ya hemos hablado profusamente.

El 15 de agosto de 1982 un hombre que pescaba en el mencionado río se topó con el cuerpo semihundido de una mujer negra que se mecía al ritmo calmado de la corriente. Cuando intentó izarlo al bote perdió el equilibrio, cayó al agua y entonces se topó con un segundo cadáver, también perteneciente a una mujer negra. Por entonces los periódicos de la ciudad no hablaban de desapariciones, ni de muertes inexplicables, pero aquellos dos cuerpos demostraron que pronto lo harían.

Cuando los policías peinaron la zona localizaron un tercer cadáver entre la maleza. Las autopsias revelaron que las tres murieron asfixiadas y que los dos cuerpos arrojados al río tenían piedras introducidas en la cavidad vaginal. Los asesinatos se relacionaron con la aparición de otros tres cadáveres hacía un año en los alrededores del mismo río y ya hubo pocas dudas de que en la zona actuaba un asesino serial del que apenas se sabía algo. La primera reacción fue crear un grupo policial especial dedicado íntegramente a este caso y liderado por los inspectores Dave Reichert y Richard Kraske.

Se descubrió que todas las víctimas pertenecían al ambiente de la prostitución y hacia ella dirigieron sus miras. Los interrogatorios aportaron una pista prometedora. Dos prostitutas afirmaron haber sido atacadas y raptadas por el conductor de un camión de color blanco y azul que las llevó al desierto y allí, a punta de pistola, las violó. Los agentes no tardaron en dar con el camionero, un tal Charles Clark, que confesó las dos violaciones, pero en ningún caso ser el asesino que buscaban. No costó mucho corroborar su coartada, porque durante su apresamiento apareció una nueva víctima.

Entre septiembre de 1982 y abril de 1983 desaparecerían 14 chicas más, todas con edades entre los 15 y los 25 años, y todas del mundo de la calle. Como suce-

Manifestación popular contra Gary Ridgway, *el Asesino del Río Verde.*

de siempre en estos casos, la opinión pública no entendía la lentitud policial. Si sabían que el asesino captaba a sus víctimas entre prostitutas, ¿por qué era tan difícil capturarle? Fue entonces cuando el novio de una de las chicas desaparecidas relató haber visto a su novia por última vez hablando acaloradamente con el conductor de un camión negro, al que se subió para marcharse. El chico siguió al camión temiéndose algo malo, pero en un semáforo perdió su pista y la chica no regresó jamás. Afortunadamente una semana después localizó el mismo camión y lo siguió hasta que paró en una casa que parecía ser el domicilio del conductor, llamó a la policía y esta identificó al propietario como Gary Ridgway, quien convenció a los investigadores de su inocencia negando incluso conocer a la chica de la que hablaban.

Un mes después otro proxeneta informó a la policía de haber visto cómo su novia se subía a un camión conducido por un hombre «lleno de agujeros». La chica ya no volvió a ser vista e, inexplicablemente, el grupo especial fue incapaz de relacionar este testimonio con el anterior, a pesar de que ambos hablaban de un camión negro y de un conductor cuya descripción se correspondía con la de Gary Ridgway.

Desbordados por los acontecimientos decidieron solicitar la ayuda de Robert Keppel, afamado investigador con gran experiencia en el mundo de los asesinos seriales por haber colaborado en la captura de Ted Bundy. Keppel aceptó la oferta y cuando se le presentaron los informes constató que la investigación carecía de una tremenda falta de coordinación y de rigurosidad en el tratamiento de los datos y las pistas obtenidas. Mientras, los cadáveres seguían apareciendo en las riberas del Río Verde. El último fue el de Carol Ann Christensen, de 21 años de edad, y al que el asesino había dispuesto para causar conmoción en los investigadores. Carol tenía un pez colocado encima de su cuello y otro en su pecho izquierdo, más una botella medio introducida en la vagina.

Contra las esperanzas creadas, tampoco Keppel logró sustanciosos avances, pero sí fue capaz de acotar algo el perfil del criminal. Gracias a él se supo, por ejemplo, que el asesino recurría a diversos sitios fijos para depositar los cadáveres, como vertederos ilegales; que las víctimas eran captadas principalmente en el barrio chino y en el centro de la ciudad y que odiaba a las prostitutas por algún motivo aún desconocido. Además se obtuvo la impresión de uno de sus zapatos junto al cadáver de una de las víctimas.

Aun así 1983 transcurrió con 9 muertes más y cuando se aproximaba un nuevo y fatídico año, Keppel recibió una carta inesperada. La firmaba Ted Bundy desde su celda en Florida y ofrecía su ayuda en la resolución del caso a cambio de tiempo. Bundy ya había sido condenado a la pena capital y la fecha de la ejecución se acercaba inexorablemente. Con esta oportunidad creyó ver un medio para aplazar ese día y quizás, quién sabe, una revisión de la pena por buena colaboración. La oferta es jugosa pero Keppel sabe como nadie que no hay que fiarse de un psicópata como Bundy, capaz de mentir y manipular a quien sea para lograr su beneficio personal. Sin embargo acepta y en aquellas conversaciones con Bundy, este le aporta datos muy interesantes.

Mi pensamiento es que su hombre es una parte de la subcultura de la que proceden esas mujeres. Él se mueve ahí como pez en el agua [...]. Conoce bien el ambiente, los bares, la gente que consume droga, los lugares donde se esconde la gente que huye por cualquier causa. La persona que busca controla todos esos sitios y los que van por ahí, y sabe además cómo manipularlos. Creo que tiene la habilidad, además, de no parecer que es un cliente de prostitutas [...]. En cierto sentido es un perezoso, pero también es astuto, porque ninguna víctima se le ha escapado de las manos. Ese tío piensa con mucho detenimiento. Puede que no sea muy sofisticado pero dele tiempo y verá cómo mejora. Y si piensa que tiene que cambiar de víctimas, entonces lo hará. Pero por ahora sabe que tiene todas las de ganar porque es consciente de las dificultades que tiene la policía para investigar a prostitutas desaparecidas [...]Quienquiera que sea *El hombre del río Verde*, es un tipo normal. Cualquiera podría hacer esto.

De todo lo que le dijo Bundy, Keppel se quedó con un consejo en especial: «Busquen a alguien normal. Cuando vigilen las zonas de prostitutas no se fijen sólo en la gente que acuda en coche, ya que puede haber dejado su vehículo en los alrededores».

Cuando llegó 1985 el número de cadáveres localizados ascendía a 31 y en 1986 a 40. Al empezar 1987 la policía utilizó a una agente como cebo y la trampa surtió efecto. Se detuvo a un hombre que intentó arrastrar a la mujer por la fuerza hasta su automóvil. En ese instante fue detenido. Se le sometió a la prueba del polígrafo y como los resultados no fueron concluyentes tuvieron que dejarle libre. Sería uno de los investigadores, Matt Haney, quien se interesara más por ese hombre, descubriendo que ya había sido interrogado con anterioridad en dos ocasiones por los asesinatos que se investigaban y que algunos testigos lo señalaron como el conductor misterioso que acompañó a varias prostitutas antes de su desaparición.

Gracias a este policía tenaz el cerco fue estrechándose. Una de sus ex mujeres confirmó que el sospechoso gustaba de ir a las zonas donde habían aparecido varios cadáveres y algunas prostitutas le reconocieron como cliente muy habitual. Cotejando sus horarios de trabajo como pintor de camiones se descubrió, además, que los días que libraba coincidían con las fechas de las desapariciones. Estaba claro, era el hombre que buscaban. Su nombre, Gary Ridgway.

En abril de 1987 registraron su casa con mandato judicial y recogieron diversas pruebas que realmente no demostraban nada, por lo que el cerco se relajó. Al mes siguiente aparecieron tres cadáveres más y para 1991 el número de muertas ascendía a 49, pero como no había denuncias de nuevas desapariciones quedaba claro que se estaban encontrando cuerpos asesinados hacía mucho tiempo. El tiempo pasaba sin ningún tipo de avance y como ya no había más muertes, se decretó la disolución del grupo especial encuadrando a sus miembros en nuevos destinos. El de Dave Reichert fue el condado de King, con el cargo de jefe de policía.

Para 2001 casi nadie se acordaba ya del *Asesino del río Verde*. En la última década no habían aparecido más cadáveres y las muertes parecieron una pesadilla del pasado. El único que no olvidaba era Dave Reichert, dispuesto a aprovechar la mínima oportunidad para reabrir el caso. Y esa oportunidad le llegó en aquel 2001 gracias a una nueva técnica, conocida como análisis del ADN, que comenzaba a ser implantada en las jefaturas de policía. Reichert se emocionó con ella y reunió a sus antiguos colaboradores para ver si el ADN tenía cabida en la investigación inacabada. Y sí, la tenía. De al menos tres cadáveres se habían extraído restos de semen que aún se conservaban en buen estado. Las muestras fueron enviadas a laboratorios forenses y los resultados no pudieron ser mejores: ¡el ADN se correspondía con el de Gary Ridgway!

Esta vez Ridgway no pudo mentir a las evidencias y confesó haber asesinado a 48 mujeres. También explicó que la causa de que a partir de 1987 bajase su intensidad homicida se debía a que tras el registro de su domicilio sintió a la policía muy cerca de atraparle.

El del *Asesino del río Verde* fue un caso excepcional en muchos sentidos. Su mensaje más esperanzador consistió en demostrar que la ciencia, aunada a la tenacidad de los investigadores, es hoy por hoy el gran temor de los asesinos seriales.

EPÍLOGO

El fenómeno del asesino serial es uno de los grandes retos a los que la sociedad deberá enfrentarse en este siglo XXI. No va a ser fácil porque muchas personas perecerán en el camino: niños, mujeres, jóvenes… las víctimas más propicias para estos depredadores humanos. Nuestros enemigos, aparte del propio criminal, serán la dejadez social ante este problema, la falta de conciencia institucional, la cobardía de algunos políticos, la ausencia de leyes y políticas amparadoras de la ciudadanía. Y son unos poderosos enemigos.

Cuando el próximo caso de asesinato serial salga a la luz tendremos la sensación de haberlo vivido antes. No nos equivocaremos. Los medios de comunicación volverán a hablarnos de alguien que asesina a personas seleccionadas de un grupo con especial significado para él. De alguien al que sus vecinos calificarán como solitario, pero no problemático. De alguien incapaz de enfrentarse adultamente a sus problemas, de alguien que no se relacionaba mucho con las personas de su entorno, de alguien cuya vida no había sido modélica. Será otra historia de asesinos seriales. Una más, semejante a las presentes en este libro.

Pero si nos detenemos a pensar un instante, observaremos que esta repetición es una gran ventaja para nosotros, porque el que los asesinos seriales presenten un mismo esquema mental les convierte en predecibles. Y si son predecibles podremos tomar medidas para evitar que las muertes sucedan. Sólo necesitamos indagar más en sus mentes, estudiar más profundamente el proceso por el que alguien se convierte en un despiadado asesino.

Esa será la tarea de los políticos y especialistas de la salud mental. Nosotros tendremos otra y consistirá en mejorar la sociedad desde la base. Nuestra misión será educar a nuestros hijos en igualdad, enseñándoles lo que está bien y lo que está mal, convirtiéndoles en seres morales, dotándoles de una escala de valores que sea inquebrantable y en cuya cúspide se encuentren el respeto a la vida humana, la defensa del débil y el trato respetuoso hacia nuestros semejantes, sin distinción alguna.

Actualmente nuestra sociedad premia al fuerte. Quien consigue el éxito rápido es un modelo a seguir. El dinero es el objetivo, la fama la meta. Sólo nos fijamos en los vencedores y olvidamos a los que se quedaron atrás. No percibimos que para que alguien triunfe otros deben fracasar. Precisamente el tipo de sociedad, el esquema mental, con el que los psicópatas se sienten más cómodos.

Debemos dar la vuelta a esta mentalidad. No digo que repudiemos a los triunfadores, la competitividad es buena siempre que no se lleve al extremo. Lo que digo es que no nos olvidemos de quienes no alcanzan ese éxito tan bien visto socialmente. Nadie debe ser más que nadie y ninguna persona tiene derecho a más atenciones que otra. Además, ¿dónde reside el éxito? ¿Es acaso más exitoso alguien que ha logrado construir un *holding* de empresas, que un matrimonio que con esfuerzo y muchas privaciones ha logrado sacar adelante a sus hijos? ¿Por qué primamos el primer ejemplo sobre el segundo?

Si no recapacitamos sobre estas cuestiones tenderemos a primar los valores que conforman la psicopatía: la manipulación, las emociones superficiales, la deshumanización del prójimo, la búsqueda de sensaciones rápidas, la falta de empatía... Y, entonces, habremos perdido la batalla de antemano.

Este será nuestro gran reto para el futuro: progresar en actitudes que no dañen al otro, al vecino, al amigo, al desconocido de la acera de enfrente, al que vive en otro país.

Como bien dijo en una ocasión el profesor de antropología Elliot Leyton, una civilización paga un trágico precio si inculca a sus ciudadanos algunos de estos conceptos:

- que la violencia posee una belleza y nobleza meritorias.
- que es aceptable degradar o maltratar a alguien perteneciente a una clase social o étnica determinada.
- que la riqueza y el poder es lo único que importa.
- que ganar es glorioso y perder deshonroso.
- que el sufrimiento de los demás es por su culpa, no por la nuestra.

En nuestras manos está evitarlo.

Si alguien desea ponerse en contacto con la autora puede escribirle a esta dirección de correo electrónico: janire23@hotmail.com

BIBLIOGRAFÍA

BEAVAN, Colin: *Huellas dactilares*. Barcelona: Alba Editorial, 2003.

BERBELL, Carlos; ORTEGA, Salvador: *Psicópatas criminales*. Madrid: La esfera de los libros, 2003.

CORNWELL, Patricia: *Retrato de un asesino*. Madrid: Ediciones B, 2003.

CULLEN, Tom: *Otoño de terror*. Barcelona: Círculo de Lectores, 1972.

DONIS, Marisol: *Envenenadoras*. Madrid: La esfera de los libros, 2002.

ETXEBERRÍA, Paco: *Manual de Medicina Legal y Forense*. Valencia: Tirant Lo Blanch, 2000.

GARCÍA-ANDRADE, José Antonio: *De la estirpe de Caín*. Madrid: Temas de hoy, 2004.

—. *Crímenes, mentiras y confidencias*. Madrid: Temas de hoy, 2002.

GARRIDO, Vicente: *La mente criminal.* Madrid: Temas de hoy, 2007.

—. *Contra la violencia.* Barcelona: Algar, 2002.

—. *Amores que matan. Acoso y violencia contra las mujeres.* Barcelona: Algar Editorial, 2001

—. *El psicópata.* Barcelona: Algar Editorial, 2000.

GODWIN, Maurice: *El rastreador.* Barcelona: Alba Editorial, 2006.

LEE, Goff: *El testimonio de las moscas.* Barcelona: Alba Editorial, 2002.

LEESON, Benjamin: *The memoirs of an East End detective.* Londres: Stanley Paul&Co., 1900.

LEYTON, Elliott: *Cazadores de humanos.* Barcelona: Alba Editorial, 2005.

LÓPEZ, José María: *Crónica negra del siglo XX.* Madrid: Libsa, 2003.

LORENTE, José Antonio: *Un detective llamado ADN.* Madrid: Temas de hoy, 2004.

MACNACHTEN, Melville: *Days of my years.* Londres: Edward Arnold, 1914.

MARLASCA, Manuel; RENDUELES, Luis: *Así son, así matan*. Madrid: de hoy, 2002.

—. *Mujeres letales*. Madrid: Temas de hoy, 2004.

MARTÍNEZ, Fernando: *Crímenes sin castigo*. Madrid: Temas de hoy, 2002.

MAUROIS, André: *Historia de Inglaterra*. Barcelona: Círculo de lectores, 1970.

MUCHEMBLED, Robert: *Una historia de la violencia*. Madrid: 2010.

PLATT, Richard: *En la escena del crimen*. Londres: Pearson Alhambra, 2003.

PESCE, Andrea: *Asesinos seriales*. Barcelona: Círculo Latino, 2003.

RÁMILA, Janire: *La ciencia contra el crimen*. Madrid: Nowtilus, 2010.

—. *La maldición de Whitechapel*. Málaga: Aladena, 2010.

RAMOS, Carlos: *Grafología, sexualidad y pareja*. Madrid: Ediciones Xandró, 2001.

REDONDO, Santiago; STANHELAND, Per; GARRIDO, Vicente: *Principios de Criminología*. Valencia: Tirant lo Blanch, 2001.

RESSLER, Robert: *Asesinos en serie*. Barcelona: Ariel, 2005.

—. *Dentro del monstruo*. Barcelona: Alba Editorial, 2005.

THOMSON, Basil: *La historia de Scotland Yard*. Madrid: Espasa Calpe, 1937.

VV. AA. *Manual diagnóstico y estadístico de los trastornos mentales* DSM-IV. Barcelona: Masson, 1995.